个人品牌
进阶丛书

小红书
博主炼成记

朱奕澄 ——— 著

账号运营
+
内容创作
+
涨粉引流

清华大学出版社
北京

图书在版编目（CIP）数据

小红书博主炼成记：账号运营＋内容创作+涨粉引流/朱奕澄著. —北京：清华大学出版社，2024.3（2024.6重印）

（个人品牌进阶丛书）

ISBN 978-7-302-65880-1

Ⅰ．①小… Ⅱ．①朱… Ⅲ．①网络营销 Ⅳ．①F713.365.2

中国国家版本馆 CIP 数据核字（2024）第 063847 号

责任编辑：顾　强
封面设计：方加青
版式设计：张　姿
责任校对：王荣静
责任印制：杨　艳

出版发行：清华大学出版社
　　　　　网　　　址：https://www.tup.com.cn，https://www.wqxuetang.com
　　　　　地　　　址：北京清华大学学研大厦 A 座　邮　　编：100084
　　　　　社 总 机：010-83470000　　　　　邮　　购：010-62786544
　　　　　投稿与读者服务：010-62776969，c-service@tup.tsinghua.edu.cn
　　　　　质 量 反 馈：010-62772015，zhiliang@tup.tsinghua.edu.cn
印 装 者：北京联兴盛业印刷股份有限公司
经　　销：全国新华书店
开　　本：148mm×210mm　　　印　张：9.5　　字　数：202 千字
版　　次：2024 年 5 月第 1 版　　　印　次：2024 年 6 月第 3 次印刷
定　　价：69.00 元

产品编号：103184-01

为什么我强烈建议你做小红书

试想一下，如果你即将去云南旅游，却不知道当地有哪些旅游景点和美食推荐，那么你会在哪个平台搜索？

如果在以前，很多人的答案应该是"百度"，但在今天，他们的答案变成了"小红书"。原因很简单，小红书里的内容丰富，质量极高，基本可以解决人们大部分的生活难题，小到穿衣搭配、美妆美食、购物心得，大到房屋装修、婚礼策划、留学规划等，用户都能在这里一键搜索到海量的优质信息和实用经验。难怪现在有句话叫"遇事不决小红书"，越来越多的用户表示每天已经离不开小红书了。

正是凭借着优质的内容沉淀和社区氛围，小红书已经成为时下最热门的生活方式分享平台，得到了众多年轻人的青睐，蕴含着强大的"种草力"。

在互联网时代，流量在哪里聚集，财富就在哪里聚集。因此，不少品牌商家和个人纷纷入驻小红书，在平台上"掘金"。

我曾经辅导过上千名学员，亲眼见证了他们在小红书上一路成长的经历，有全职宝妈靠小红书开启了自己的小事业；有上班族靠小红书实现了副业收入；也有商家、企业靠小红书提升了销售业绩，扩大了品牌影响力。因此，我越来越坚信，任何人都可以抓住小红书平台的红利，只要在这里认真耕耘，都能收获非常大的回报。

我之所以建议大家做小红书，除了因为小红书有着巨大潜力和红利之外，还有一个重要原因是它很适合普通人，具体说来有两个优势。

一是门槛低。现如今，新媒体行业日趋成熟，各平台的入门门槛也逐渐抬高，比如微信公众号、知乎等要求创作者有较强的写作功底，而抖音等视频平台更是内卷严重，职业玩家越来越多，这些门槛都让普通"小白"很难冲出重围。

相对而言，小红书的创作难度是最小的，首先，它对写作功底没有太高要求，创作者只要能把一件事情说清楚即可。其次，小红书内容形式丰富，有视频和图文两种形式可以选择，这就极大降低了创作门槛，即便不会做视频，也可以从简单的图文做起。最后，小红书对新人十分友好，素人博主出爆款的情况比比皆是，新人也很容易火起来。

二是盈利强。小红书的盈利方式多元化，包括接品牌广告、笔记带货、直播带货、开店铺、付费专栏等，为博主提供了丰富的盈利渠道。同时，与其他平台相比，小红书的盈利门槛极低。零粉丝就可以开通店铺、开直播卖货；积累到 1000 个粉丝后，就可以接品牌广告，还可以给平台带货赚取佣金。

近两年，平台也推出"零门槛开店""蒲公英乘风计划"等多项举措来大力扶持博主盈利，对于没有资源、没有产品的普通人来说，小红书一定是盈利最快、最多的平台了。

因此，小红书对于每个人来说都是一座巨大的金矿，只要你能够找到自己的定位，采用合适的运营方式，并持之以恒地运营账号，便能完成从小白到优质博主的蜕变，在平台挖到人生的第一桶金。

然而，在看到小红书优势的同时，我们也不得不面对这样一个事实：许多人虽然尝试做小红书，却很难成功起步。他们经常感到疑惑，为什么自己发布的笔记总是没有流量？为什么偶尔有笔记爆了却不涨粉？为什么账号积累了几万粉丝却无法盈利？

其实，大家做小红书的过程中遇到的很多问题，我都经历过。初入小红书平台时，我也曾耗费大量时间和精力做了好几个号，但无论怎么做也不火。在不断地实践试错后，我才渐渐摸透小红书运营的规律，做内容才开始得心应手。

后来在帮助学员运营小红书的过程中，我结合自己的实战经验，总结了很多可落地的方法。不少学员使用了我的方法后，顺利实现了涨粉盈利和业绩突破。因此，我才萌生了写一本书的想法，希望把我运营小红书的方法和经验系统、全面地整理出来，分享给更多想要运营好小红书的朋友，让大家在入局之时不再那么迷茫。

本书分为8章，从精准定位、爆款密码、图文笔记、视频笔记、快速涨粉、高效运营、商业盈利、实战案例几个角度，手把手教你玩转小红书运营，让你能够真正透彻地理解小红书的运营法则，迅速掌握打造爆款内容的方法和涨粉盈利的技巧。

作为一本实用的工具书，本书具有以下特色。

【简单易懂、轻松上手】本书内容由浅入深、讲解细致，没有生涩枯燥的理论，全部使用通俗易懂的语言，即便在小红书运营方面是零基础，也能够看得懂、学得会、用得上。

【案例丰富、生动形象】本书在讲解实用方法和技巧时，融入了丰富的实操案例，通过剖析案例，让读者轻松理解、活学活用。

【与时俱进、实践运用】本书介绍了小红书的最新玩法和功能，给予读者有效的指导。同时站在时代前沿，结合当下最火爆的AIGC的运用，详细展示了如何利用AIGC高效辅助小红书创作，提高运营效率。

本书适合希望通过小红书开展副业及创业的新人博主，以及小红书品牌商家、营销公司等相关人员阅读学习，也可以作为新媒体从业者的参考用书。

美国艺术家安迪·沃霍尔说过："在未来，每个人都有机会成名15分钟。"是的，在小红书平台成为吸睛又"吸金"的博主并不遥远，对你来说也一样。

你准备好和我一起，进入小红书的世界了吗？

目录
CONTENTS

第一章

精准定位：
从 0 ~ 1 策划一个高价值账号

常言道，好的开始是成功的一半。如果我们做小红书，不是为了像发朋友圈一样自娱自乐，而是希望涨粉盈利，那么就绝不能盲目地开始，而是要认真策划好账号的定位。因为只有定位越明确，才会越容易产出优质作品，粉丝才会越精准，商业盈利也就越容易。本章就和大家分享确定账号定位的方法、突破定位卡点的锦囊以及账号主页的包装技巧。

第一节 账号定位：确定你的账号要发什么内容

运营小红书账号以来，我发现许多刚接触小红书运营的新手，经常会遇到以下情况：

一是起步困难，注册完账号之后就毫无头绪，不知道应该在账号上发什么内容，也不知道如何下手。

二是乱发一通，把账号当作朋友圈，想到什么就发什么。整个账号发得随心所欲、杂乱无章，即便有几篇笔记火了，也很难涨粉。

三是无法持续，凭着满腔热血发了几篇笔记之后，就灵感枯竭了，不知道还能继续发什么，心中又没有确定的方向，很快就想放弃了。

出现这些问题，从根源上来讲，都是因为没有做好账号定位。所谓定位，简单来说，就是要明确账号上要发布哪方面的内容，为哪些人提供何种价值。运营账号的第一步，就是要找准账号定位，这样才能把精力集中在一条道路上，深耕细作，持续输出，未来才能一往无前。

一、内容领域：小红书的八大热门领域

运营者在定位的时候，不能光凭自己的感觉和想象，而是要先研究小红书上哪些内容是受用户欢迎的。毕竟，每个平台上的

用户不同，需求不同，内容的调性也不尽相同。小红书的主要用户群体是年轻人，且女性用户居多。因此，我们发布的内容如果能引起年轻女性的广泛共鸣，让她们愿意浏览，并且参与其中，那么在小红书上就很容易火爆。

接下来为大家介绍小红书上八个比较热门的领域。

1. 美妆护肤

对于年轻女性来说，化妆和护肤是永不过时的话题，所以美妆、护肤一直都是小红书上最受欢迎的领域。美妆、护肤领域的博主众多，内容丰富，各类妆容教程、化妆技巧、产品测评、护肤心得等内容，都深受用户喜爱，如图1-1所示。

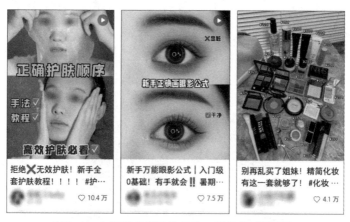

图1-1　小红书上常见的美妆、护肤领域的笔记

除了通用的美妆、护肤经验之外，一些博主还会根据人们不同的肤质和特点，提供更加定制化的内容。比如，针对"黄黑皮""单眼皮""敏感肌"等细分人群，分享适合她们的美妆及护肤技巧。这样不仅能够更好地满足用户个性化的需求，还能打造出账号的差异化特色，有利于博主在激烈的竞争中突出重围。

总体来说，美妆、护肤领域不仅流量大，而且涉及产品非常多，其品牌方在小红书投放广告数量也是最多的。因此，只要能把账号做起来，就很容易实现变现。

2. 时尚穿搭

目前，小红书已经成为年轻人穿衣的流行风向标，许多女性在平时买衣服或进行穿衣搭配的时候，都会打开小红书，参考博主们的好看穿搭。因此，时尚穿搭也是小红书上最热门的领域之一。

在该领域下，笔记内容和博主风格多种多样。有的博主喜欢分享穿搭干货，会针对不同人群以及不同的穿搭需求，分享实用的穿搭技巧和经验；也有的博主喜欢分享自己的日常穿搭和潮流单品，如图1-2所示。

图1-2　小红书上常见的时尚穿搭领域的笔记

除了分享内容的多样化，穿搭风格也是丰富多彩。博主既可以选择某一种固定风格进行不同的搭配，如通勤风、辣妹风、优雅风等；也可以跟随潮流尝试不同的穿搭风格，不断带给用户新鲜感。对于喜欢研究穿搭的人来说，时尚穿搭领域就是很好的选择。

3. 减肥塑形

除了穿衣打扮之外，减肥也是女性口中永恒的话题，毕竟每一位女性都渴望拥有苗条的身材，所以减肥、塑形也成了小红书上的热门话题。

众所周知，减肥靠的就是"管住嘴，迈开腿"，因此，不管是减肥经验、减肥食谱分享，还是围绕减肥的需求而衍生出来的燃脂运动、健身塑形等内容，都是非常容易爆火的内容，如图1-3所示。

图1-3　小红书上常见的减肥塑形领域的笔记

减肥、塑形领域不仅流量大、受众广，而且有着多元化的变现渠道，博主不仅可以接到与减肥、运动相关的食品、饮品、装备等产品合作，还可以通过减脂相关的课程或服务进行变现。

4.母婴育儿

近几年，随着大量"90后""95后"等年轻女性升级当妈，她们开始将小红书作为日常了解母婴资讯的主要渠道，一方面借此积累育儿经验，一方面也为购买母婴产品做功课。

母婴、育儿领域涵盖了孕、产、育的整个过程，因此博主可以分享的话题非常丰富，包括婴童用品分享（如奶粉、纸尿裤、洗护用品等）、孕产与养育经验、宝宝成长记录等，如图1-4所示。

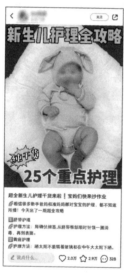

图1-4 小红书上常见的母婴、育儿领域的笔记

母婴、育儿领域在商业变现方面也有着巨大优势，因为小红书用户中一二线城市的精致妈妈占比不少，在母婴用品上具有较强的消费力。因此，母婴、育儿领域非常适合家里有孩子的宝妈，运营好一个母婴账号，不仅能记录孩子的成长，也能增加另一份收入。

5. 美食饮品

俗话说："民以食为天"，故美食领域在所有的平台上都是热度靠前的领域，小红书自然也不例外。美食领域可供分享的内容有很多，比如高颜值的美食图片、美食制作教程、美食探店、美食测评等，不论是博主自己亲手制作的菜肴，还是在街边发现的美食，抑或是购买的速食产品，都可以分享，如图1-5所示。

图1-5 小红书上常见的美食饮品领域的笔记

美食领域流量大，用户接受度高，创作门槛较低，很适合新手入局。同时，美食领域包含的细分领域繁多，如家常菜、西餐、烘焙、甜点、小吃、饮品等，创作素材丰富，运营者可以在各个细分领域进行尝试，从而找到适合自己的领域和风格。

6. 家居家装

家居家装是近几年小红书平台热度增速最快的领域。年轻人都期待拥有一个温馨而有个性的家，因此家装家居类内容便受到了众多年轻人的喜爱。

家居家装领域包含装修日记和经验、家居设计、家居好物、居家 Vlog 等，如图 1-6 所示。如果运营者有房子正在装修，或者有一套装修好看的房子，那么就很适合做家居家装类的博主。

图1-6 小红书上常见的家居家装领域的笔记

目前，入驻小红书的家居品牌众多，包括宜家、西门子、戴森、松下等，大量的广告投放为博主们带来了许多变现机会。同时，家居领域是小红书所有领域中广告报价相对较高的领域。这就意味着，在账号粉丝数量相近的情况下，与其他领域的博主相比，家居领域的博主可以获得更高的广告收益。

7. 知识教育

知识教育是一个比较笼统的领域，具体是指博主通过分享一些用户感兴趣的泛知识，帮助用户在某方面得到收获和成长，如职场、理财、副业赚钱、创业经验、读书学习、自律成长、情感、个人能力提升等，如图1-7所示。

图1-7　小红书上常见的知识教育领域的笔记

需要提醒的是，知识教育领域笔记所涉及的知识，并不是教科书里的学术知识，而是一种泛知识，比如有创业经历的人分享自己的创业心得和经验；沟通高手教用户如何在人际交往中拥有高情商等，而这些知识恰恰是书本里学不到的。因此，入局知识教育领域并不需要多么强的学术背景或专业能力，只要运营者在某方面拥有丰富的经验，能为用户提供价值，就能做好一个知识博主。

8.兴趣技能

网络的便捷让我们足不出户就能学习各种技能，因此，关于兴趣技能类的内容也越来越火爆。小红书上的兴趣技能领域涉猎范围很广，包括绘画、摄影、手工、书法、音乐等，都拥有着许多爱好者和学习者。

如果运营者是某一兴趣领域的专业人士或者资深爱好者，就可以在小红书上分享相关的内容，比如绘画、摄影作品或者新手教程等，这样就很容易收获到具有同样兴趣爱好的粉丝，如图1-8所示。

图1-8　小红书上常见的兴趣技能领域的笔记

以上就是小红书上的八大热门领域，但运营者可以选择的领域并不局限于这些。

笔者根据小红书官方商业服务平台的数据，整理出了小红书包含的26个领域以及细分方向，如表1-1所示。通过此表，运营者能够更加全面地了解小红书上有哪些内容领域可以选择。

表1-1　小红书平台上的26个领域以及细分方向

领域	二级分类
美妆	整体妆容、唇妆、眼妆、美甲、底妆、美妆合集、香水、美妆其他
护肤	面部保养、面部清洁、护肤合集、护肤其他
个人护理	头发产品、身体护理、口腔护理、护理其他
母婴	母婴日常、早教、婴童用品、婴童洗护、婴童食品、婴童时尚、孕期穿搭、孕产经验、产后恢复、育儿经验、宝宝才艺、母婴其他
时尚	穿搭、配饰、发型、箱包、鞋靴、时尚其他
美食	美食教程、美食探店、美食测评、美食展示、吃播、美食其他
家居家装	装修、家居用品、家居装饰、装修、家具家电、室内设计、居家经验、家居家装其他
影视综资讯	动漫、电影、电视、娱乐资讯、影视、综艺、民生资讯、其他
运动健身	健身减肥、健身塑形、滑雪、滑板、水上活动、篮球、足球、跑步、游泳、运动其他
宠物	猫、狗、动物其他
文化艺术	社科、文化、艺术、文化艺术其他
兴趣爱好	绘画、手工、阅读、文具手账、舞蹈、益智玩具、潮流手办
生活记录	接地气生活、日常片段、中外生活、品质生活、校园生活
教育	大学教育、K12教育、家庭教育、职场教育、教育其他
情感	情感知识、情感日常、情感其他
摄影	人文风光摄影、摄影技巧、胶片摄影、人像摄影、摄影其他
游戏	手机游戏、主机游戏、线下游戏、游戏其他

续表

领域	二 级 分 类
科技数码	数码、玩机攻略、数码科技其他
出行	城市出行、户外、旅行
音乐	—
搞笑	—
健康养生	—
汽车	—
婚嫁	婚礼经验、婚礼造型、婚礼用品、婚礼记录
商业财经	金融理财、财经解读、商业财经其他
素材	壁纸、表情包、素材其他

二、定位方法：六个维度，找准自己的定位

在了解完小红书的内容领域之后，接下来就要找准自己的定位。但新手在刚刚接触小红书时，面对眼花缭乱的内容方向，极有可能迷失自己。为此，笔者总结了关于定位的六字口诀——"金喜擅特付有"，如图 1-9 所示，可以帮助运营者多方位挖掘自我，找准自己的定位。

1. 金：直接变现的产品

定位的第一个思考方向是可直接变现的产品。各行各业的实体商家、小店主，本身就有服装、珠宝、餐饮、农产品等商品在线下进行销售；很多行业专家、知识付费老师，也有自己的课程产品或咨询服务在线上售卖。像这两大类人群，就可以围绕自己的变现产品来定位，通过小红书平台放大流量，吸引精准的客户，从而增加营收。

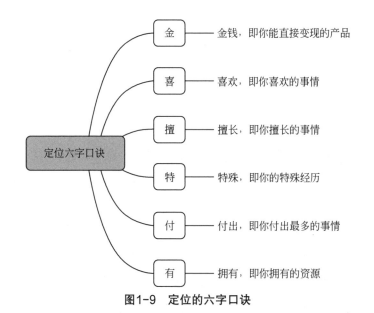

图1-9　定位的六字口诀

举个例子，我的学员"菲菲爱珍珠"自己经营珍珠饰品生意，于是将账号定位在"珍珠"这个领域，在小红书发布珍珠选购、珍珠搭配等干货视频，吸引了不少用户向她购买珍珠饰品，实现了快速变现，如图1-10所示。

图1-10　账号"菲菲爱珍珠"的主页截图

如果运营者自身没有可变现的产品，还可以整合变现资源，通过和一些成熟的机构、商家达成合作，在账号上生产相关的内容为其产品引流从而赚取佣金，这也是一种不错的变现方式。

比如我有一位学员，她是一位职场宝

妈，通过报班学习，考取了营养师专业证书，于是开始在小红书上分享营养师证书的备考攻略、考试经验等，吸引了1万多名粉丝。她的变现方式就是与考证培训机构合作，将机构推荐给有报班需求的粉丝，成交后赚取佣金，从而实现变现。

2. 喜: 喜欢的事情

定位的第二个思考方向是喜欢的事情。许多人都有自己的兴趣爱好，例如读书、花艺、书法、电影、运动、旅游等。如果运营者有一项兴趣爱好，并且乐此不疲，那么就可以把它作为定位，生产与兴趣爱好相符的内容。

比如，平时喜欢喝茶的人，不妨以茶为定位，分享品茶知识、泡茶技巧、茶具推荐等内容；喜欢做菜的人，就可以定位在美食领域，分享烹饪教程、食谱等内容。即使只喜欢"买买买"，也可以定位在网购、好物分享领域，为大家分享自己的购物经验，种草好物等。

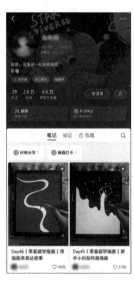

举个例子，我的学员"岛屿呀"是一位普通职场人，业余时间喜欢用iPad自学画画。于是他在小红书上分享自己每天绘画的过程，不到半年就积累了2.8万名同样喜欢画画的粉丝，如图1-11所示。

把喜欢的事情作为定位，不仅能够快速吸引有着相同爱好的粉丝，而且还有利于账号的长期运营。因为只有做自己感兴趣的事，才能保持创作热情，

图1-11　账号"岛屿呀"的主页截图

并倒逼自己在这个兴趣点上不断学习和积累，从而更好地坚持下去。

3. 擅: 擅长的事情

定位的第三个思考方向是擅长的事情。如果运营者在某方面拥有一技之长，那么在定位时就可以考虑自己擅长的领域。相比于其他不熟悉的领域，选择擅长的领域会更具有专业优势，输出内容会更加驾轻就熟，有利于培养信心，增加运营的底气。

比如，我认识的小红书博主"筝小钱"，就充分发挥了自己作为10年读书人的优势，将账号定位在读书变现领域，分享读书写作、做读书账号、开读书会等与读书变现相关的内容，吸引了8万多名对读书感兴趣的粉丝，如图1-12所示。

怎么判断自己是否有擅长的事情呢？可以从以下两个方向去思考梳理。

一是拿到过结果的事情，比如考研成功、成为公司销售冠军、获得过某方面的奖项等，这种具象化的结果就是强有力的证明；二是别人经常向自己请教的事情，如果我们在某件事上能帮助他人有效解决问题，那就说明的确是擅长这件事的。

图1-12　账号"筝小钱"的主页截图

以擅长的事情为定位，也很容易让运营者打造出富有专业感的人设，从而获得用户的信任，更加有利于实现转化变现。

4. 特：特殊的经历

定位的第四个思考方向是特殊的经历。如果运营者有一些常人所没有的特殊经历或人生体验，就可以将自己的特殊经历与账号定位结合起来，这样更容易做出优质且有真情实感的内容。

例如，小红书博主"欢子 say"在 33 岁时选择裸辞，放弃央企管理岗开启了自由职业，于是她将小红书账号定位与裸辞经历相结合，在账号里分享自己的裸辞心得、自由职业经验等内容，如图 1-13 所示。

图1-13 账号"欢子 say"的主页截图

不过，在选择以特殊经历为定位时，要注重建立与用户的关联，思考一下自己的特殊经历是否能够吸引到特定的人群，是否能够给他们带来价值和启发。同时，也要充分结合自己的亲身经历，不断总结经验，提供独特且有深度的内容。

5. 付：付出最多的事情

定位的第五个思考方向是付出最多的事情。有句话说得好："时间花在哪里，结果就在哪里。"所以，在梳理定位的时候，不妨思考一下，在过去的几年中，我们为哪些事情付出了极大的时间、金钱或精力。要知道，这些付出在无形中已经为我们积累了丰富的经验，而这些经验都可以成为我们在账号中分享的素材。

比如我的学员"沙白白"，她在两年前开始做小红书的时候，没有构思定位，随便发了一些育儿、收纳的笔记，创作灵感很快就面临枯竭。后来在我的指导下，开始认真梳理定位，她发现近期在新家装修上面投入了很多资金，也花费了很多精力去挑选家居产品、软装好物，来布置新家。因此她重新定位在家居领域，分享"居家好物系列""新家的100个快递"等内容，受到了许多粉丝的喜爱，如图1-14所示。

因此，在寻找账号定位时，运营者不要忽视自己曾经付出较多的事物，不妨将自己投入较多的某一件事情转化为账号定位，分享在这个过程中的经验和心得，以便能吸引到很多志同道合的朋友。

图1-14　账号"沙白白"的主页截图

6. 有：拥有的资源

除了从以上五个角度出发来寻找定位以外，我们还可以结合自己拥有的资源来定位。所谓资源，包含实体资源、人脉资源、地理资源等。

首先，运营者可以利用自己拥有的实体资源，比如可爱的萌宠、漂亮的房子、父母开的小卖店、朋友的绘本资源等，这些实体资源都可以成为账号的定位以及输出内容的来源。

比如，小红书账号"小猪仔吃不饱"，就是依靠家里开超市的资源，定位在"零食"这个领域，分享超市里各种好吃的零食试吃视频，如图 1-15 所示。这样的资源优势，不仅提供了丰富的拍摄素材，保证了拍摄的便捷度，而且极大地降低了拍摄成本。

其次，运营者可以从自己身边的人脉资源切入，盘点一下认识的行业专家、成功人士、具有影响力的人物，可以通过专访、合拍等形式与他们合作，分享他们的经验和观点来吸引观众，如图 1-16 所示。

图1-15　账号"小猪仔吃不饱"
的主页截图

图1-16　账号"程前朋友圈"
的主页截图

最后，运营者还可以借助地理资源，如果运营者常居海外、山村田野、海滨城市等具有特色的地方，那就是天然具有吸睛的优势，完全可以利用地理资源来作为账号定位。

比如，小红书账号"张纹铭赶海户外 Vlog"就是依靠居住在海边的优势，分享赶海、拾贝、捉螃蟹等视频，而这些视频对于大多数观众来说，都是新奇有趣的，如图 1-17 所示。

再比如，小红书账号"混血爱酱（日本东京）"的运营者，就是一位常住在日本的女生，其通过分享日本的人文、美食、生活日常等视频，获得了 80 万粉丝的喜爱，如图 1-18 所示。

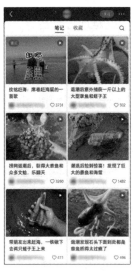

图1-17 账号"张纹铭赶海户外 Vlog"的主页截图

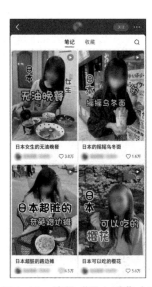

图1-18 账号"混血爱酱（日本东京）"的主页截图

因此，运营者如果能充分利用好手里的资源，把它们转化为定位，就非常容易打造出独具魅力的小红书账号。

三、破局大法：既没有特长，也没有爱好，如何找定位？

通过上一节的内容，我们学会了从"金喜擅特付有"这六个维度来找准定位。但不少人也问过我："我既没有特长和爱好，也没有资源，各方面都平平无奇，怎么找定位呢？"面对这种情况，下面推荐三种方法。

1.身份代入法

第一个方法是身份代入法。运营者可以问自己一个问题：我目前的身份是什么？或者说，跟我拥有类似身份的人群有哪些？找到跟自己身份相同的人群，整理他们日常生活中用得上的攻略、知识、经验，帮助他们解决问题，这就是通过身份代入的方式来做账号定位。

具体来说，如果运营者是宝妈，那就可以尝试做母婴、育儿的领域，为宝妈们搜集整理育儿攻略、母婴知识等。同理，如果运营者是上班族，就可以做职场领域，为职场人搜集整理职场干货、效率工具等。表1-2为运营者常见身份及对应的定位方向。

表1-2　运营者常见身份及对应的定位方向

身　　份	定　　位	内 容 方 向
宝妈	母婴、育儿	育儿攻略、母婴知识等
上班族	职场	职场干货、办公技能、效率工具等
学生	学习	学习方法、学习资料等
追求自我成长的人	个人成长	成长干货、学习资源等

比如我的学员"夏小晚"，她一开始在定位的时候，也苦于自己没有一技之长和兴趣爱好。后来，她使用了身份代入法，定位在个人成长这个领域，先从攻略整理做起，分享许多书单、影单、自律干货等帮助年轻女性学习成长的资料，慢慢再分享自己成长改变的经历，最终吸引了1.3万名和她同频的粉丝，如图1-19

所示。

还有一些觉得自己什么都不会的全职宝妈，因为要带孩子，做了很多育儿方面的功课。于是一边看书，一边整理，在小红书分享自己积累的育儿资料、养娃攻略，不仅完成了涨粉变现，也倒逼自己实现了更好地成长。

用身份代入法做定位时，运营者可以不用考虑自己擅不擅长，只需要勤快一点，边搜集资料，边整理输出，便能够做好小红书账号。

图1-19 账号"夏小晚"的主页截图

2. 短期项目法

如果运营者有一个正在进行或者即将开始的短期项目，比如备孕、考证、减肥、学习舞蹈、戴牙套等，都可以尝试以此为定位，做一个成长型博主，记录自己在这个短期项目中的实践过程。

比如，小红书博主"正在努力的小桂儿鸭~"简介的第一句话是"在职备考雅思ing"，从这句简介就可以看出该博主正是以"备考雅思"作为定位，然后在账号里分享每天早起学习的视频，记录自己备考的过程，结果一年便吸引了9万多名粉丝，如图1-20所示。

以一个短期项目作为定位，记录和分享完成项目的过程，往往会给观众带来期待感，粉丝也会像追着连续剧一样，不由自主地关注账号的后续内容，从而帮助运营者实现快速涨粉。

图1-20 账号"正在努力的小桂儿鸭~"的主页截图

3. 偶像对标法

每个人都会有自己崇拜和欣赏的对象，如果运营者从自己身上很难挖掘出定位的方向，那么不妨试试从偶像身上找找灵感。

首先，运营者可以找出 3～5 个自己很喜欢的博主，他们的定位大概率上来说，应该就是运营者感兴趣的定位。那么就可以在这些偶像的定位中，挑选出自己现在最想做的那个定位。

运营者一定要注意保持一个良好的心态，不必担心自己的实力不够，一时半会儿达不到偶像那般优秀。要知道，很多现在看来优质的博主，想当初在他们刚刚起步的时候，运营的账号看上去也是很普通的。只是他们一直在这个方向上不断深耕，才取得今天这样的成就。因此，只管努力跟随偶像的脚步，相信终有一天我们也会成为别人眼中的偶像。

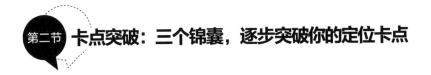

第二节 卡点突破：三个锦囊，逐步突破你的定位卡点

通过以上的内容，相信大家已经掌握了账号定位的基本方法。当然，也会有许多运营者在选择定位的时候，还是迟迟拿不定主意。比如，我身边经常有人来问我："有两个方向，我都想做，很纠结，不知道选哪个好？""我想把××作为账号定位，但我不是很专业，我能做好吗？"这些问题都十分常见。

接下来，为大家总结了定位过程中最容易遇到的三个卡点，针对这三个卡点，我会一一给出破解的锦囊。

一、觉得自己不够专业，发的内容会有人看吗

许多人在选择定位的时候不够自信，虽然对某个领域感兴趣，但又担心自己实力不够，比不上那些专业人士，导致苦心创作出来的笔记无人问津。

我想告诉大家的真相是，即使运营者在某一领域没有足够专业的知识储备，也照样可以在小红书做出爆款内容。为什么这么说呢？接下来我将以两篇小红书爆款笔记为例进行说明，如图1-21所示。

由图可见，这两篇笔记都获得了数万个点赞和收藏，足以证明笔记内容是非常受用户喜爱的。但是，不难发现，这样的内容在创作上并没有太大的难度，因为笔记里包含的信息，都可以在网络上搜索到。而创作者只是把搜索到的信息进行二次整合，以一种清晰美观的形式呈现出来。这种形式也许是制作成排版美观的图片，也许是一目了然的表格。总之，用户看完之后便能够快速、全面地获取到一些想要的信息资料，从而省去了自己搜集信息的时间。

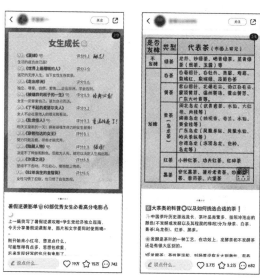

图1-21　小红书上两篇爆款图文笔记

　　所以，这第一个锦囊，是我想对大家说：哪怕我们不是某一领域的专家，也不妨碍我们成为一位优秀的创作者。因为创作者的价值除了在于自身具备的知识和技能，更多的还来自对内容的用心加工和制作。尤其在互联网如此发达的时代，无论什么信息，都可以轻松搜索到。而作为创作者，只要愿意花时间去搜索资料，然后根据自己的理解和认识，进行筛选，加以整理，就能产出非常优质的笔记。

二、既想做育儿，又想做护肤，怎么选

很多人都会遇到这种情况，在多个方向上难以取舍，比如又想做育儿，又想做护肤，还想做美食，因为对每个方向的兴趣和擅长程度都差不多，所以不知道选哪个好。

遇到这种情况，最好的方式就是测试。也就是围绕自己能做的方向，分别准备 3～5 条内容并发布出去，同时观察数据反馈最好的是关于哪方面的。

比如我的学员大蕊，她是一位有 20 年职场经验的宝妈，在定位的时候就非常纠结。她告诉我："我平时喜欢读书，所以想分享一些好书给大家；另外我今年正在学习国学文化，所以也很想跟大家分享如何用国学思维解决职场、家庭中的问题。对了，我有 20 多年的职场经验，还可以给职场新人们分享一些职场干货，在公司我的表达能力也不错，沟通表达方面的经验也可以分享。"

大蕊就是典型的"万金油"类型，有非常多的兴趣爱好，也有不少经验技能在身上，但又觉得每一项拿出来都不是特别突出，所以在定位的时候就犯了"选择困难症"，不知道该选哪个好。

于是，我给了她一个建议，让她先围绕"女性成长""好书分享""职场攻略""沟通表达"这几个方面分别准备 5 篇内容去发布测试。结果，她发布了十多篇内容后，发现流量比较好的作品都是讲职场人际关系的。于是，她开始聚焦在职场这个领域，持续发力，很快做出了点赞量破千的爆款，得到了

粉丝极大的共鸣和认可，最终确定了自己的账号定位是做职场博主。

所以，与其说是"定位"，不如说是"磨位"。很多博主的定位并不是在一开始就确定的，而是在发布作品的过程中，通过观众的反馈来不断调整，不断磨合，逐渐聚焦，一步步磨出最适合自己的账号定位。

三、觉得自己积累不够，无法持续怎么办

很多新手觉得，自己虽然很喜欢某个领域，但是积累还不够深，感觉发布了几个作品之后，几乎就把自己给榨干了，没有什么新东西可以发了。

其实，大家不必担心这个问题，因为我们每个人的知识和信息储备都是有限的，如果光靠自己脑子里已有的经验来输出，估计任何一个正常人做一个月之后，都很难再做下去了。所以，优秀的博主们都会有一个共同点：一边不断地学习，一边不断地输出。

比如，我想做一个美食博主，但是我现在只会做20道菜，等我把20道菜的教程都发完了，我还可以继续做下去吗？答案是当然可以，因为我还可以学习做新的菜，学会了之后，又可以在账号上输出了。

所以，我想给大家分享的第三个锦囊是：作为一个账号运营者，一定要具备"持续学习"的心态，而不是担心"掏空自己"。只有一边学习成长，一边内化输出，才能保证账号的长期运营。

主页包装：让用户立马对你路转粉

运营者确定自己的账号定位后，先不要急着去发布内容，而是要先对账号主页进行装修，提升账号的吸粉力。

有个比喻很恰当，账号就好比一间房子，装修的目的是把房间布置好，让来到房间的客人感觉良好，并有进一步认识主人的欲望。事实的确如此，很多用户都有一个习惯性动作，就是在看到自己喜欢的笔记之后，第一时间会点击头像进入账号的主页，了解一下博主的信息，同时看看是否有更多值得他看的笔记内容，才会决定是否关注，所以账号主页是"路转粉"的重要中转站，值得我们重视，并且要按照一定的原则去装修，千万不可随心所欲地按照自己的感觉去设置。

账号主页的装修工作，可以从三个方面来进行，分别是账号的名字、头像和个人简介。

一、名字：最重要的作用是让人记住

名字是一个账号最重要的标志，有了一个好名字，我们就有了一张醒目的互联网名片，不仅能够有效降低用户的认知成本和传播成本，还能让我们的账号与其他账号区别开来，在用户心中留下独特印象。因此，我们一定不要小看取名字这个环节，更不能随便取一个名字，草草了事。

就通常情况而言，一个好的账号名字往往都具有以下 3 个特点：简短好记、好写好搜、有辨识度。

首先，简短好记是指名字要通俗易懂，简洁易记。在这个快节奏的时代，越是简单、直接、明了，越容易被用户接受。因此，名字的字数最好控制在 7 个字符以内，重点突出，不要堆砌信息，才能让观众理解不费力，一下子就能明白名字的意义。一个过于复杂的名字，哪怕包含的信息很丰富，但只要无法让人记住，就是失败的。比如"暴瘦 54 斤的辣妈爱美食"等这样的名字，就不容易理解和记忆。

其次，好写好搜是指用字常见，容易书写，在输入法能够轻松地打出来，便于用户进行搜索。所以名字尽量用简体中文，切忌使用繁体字、生僻字，也不要随意添加英文字母、表情符号，这样会增加用户识别、搜索的难度。

最后，有辨识度是指名字要足够独特。一个与众不同、有辨识度的名字，才能释放出博主的个人特色，让人耳目一新，从而吸引粉丝关注。因此，切忌用烂大街的名字，比如"萌萌""小丽"等，这样的名字重名率高，缺乏独特性，很容易跟别人混淆；也不要用成语、短语等，比如"云淡风轻""静待花开"等，这样的名字缺乏人格化的特色，不利于打造个人品牌。

为了帮助运营者更好地取一个简单好记、又有辨识度的名字，下面介绍六种取名字的方法，如图 1-22 所示。

1. 领域 + 昵称

取名的第一种方式是"领域 + 昵称"，这种取名方式可以凸显账号所属的内容领域，让用户一眼就能看出博主创作的内容是关于何种行业、何种领域的。

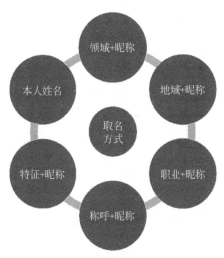

图1-22 小红书账号取名的六种方式

比如，当看到"可多美食记""阿飞教做菜"等名字，一眼就知道账号内容和美食相关，很容易吸引吃货的注意力；当看到"麻豆爱健身""张坤10秒说健身"等名字，就知道账号内容与健身有关，喜欢运动健身的用户自然就会点个关注。

因此，运营者如果想要强化账号的内容领域，突出账号价值，就可以使用"领域＋昵称"的取名方式，让用户一眼明确该账号的所在领域和主打内容方向，加深用户的印象，并让用户形成初步记忆，提到某一领域或内容，就可以想到该名字。同时，用户通过搜索某领域、行业等关键词，也可以搜到账号名字，大大提高了账号的曝光率。

2. 地名＋昵称

取名的第二种方式是"地名＋昵称"。带有地名的账号名字，能够凸显地域特色，快速吸引对该地域感兴趣的用户。

比如，很多运营者居住在国外或者知名度高的城市，就可以将地名加入名字之中，吸引更多关注度，比如"保罗在美国""小方姐在香港"等。

除此之外，如果运营者是以某个城市为主题，分享该城市的美食、探店、旅游等内容，也很适合采用这种取名方式，比如"谈谈吃喝广州""西安旅行王导""淇淇带爸玩北京"等，这些名字将地名与垂直内容结合，能够吸引当地用户或者计划去该地旅游的用户。

需要注意的是，用于账号命名的地名，要有一定的知名度和特色，否则很难吸引用户的关注。

3. 职业 + 昵称

取名的第三种方式是"职业 + 昵称"，这也是非常常用的一种起名方式，可以快速让用户识别博主是做什么职业的，是何种身份，有利于凸显博主的专业性，快速吸引对该职业感兴趣的用户群体。

比如"化妆师繁子""医学硕士菲菲""花艺师 H 先生""作家蓑依"等名字，就可以让用户一眼知道博主的职业身份和擅长领域，并在用户心中留下深刻印象。

4. 称呼 + 昵称

取名的第四种方式是"称呼 + 昵称"，在名字中加入一些经常被大家使用的称呼，可以增加名字的亲和力，拉近和用户之间的距离。比如，"大鹿鹿学姐""九三学长""夏天妹妹""末那大叔""大鱼师姐"等名字，就显得亲切感十足。

小红书本身就是一个重视互动的社区，博主和粉丝之间的关系更像是闺密、朋友，彼此间有着平等交流的亲切感。一个方便用户称呼的昵称，能让用户感受到运营者真实接地气、亲和力强，加强运营者与粉丝之间的互动，从而提升用户对账号的喜爱和黏性。

5. 特征＋昵称

取名的第五种方式是"特征＋昵称"，运营者可以提取自己外貌、性格上的特征，加入名字之中，强化个人特色，从而增加账号的记忆点。

比如"150斤的憨憨丫""单眼皮的妮可""暴躁然妈""霸气的钱小慧"等名字，都突出了自己的特色，很容易让用户记住。

使用"特征＋昵称"的形式取名通常具有较强的趣味性，如果运营者想突出自己活泼俏皮、生动有趣的性格，那么就可以采用这种起名方式。

6. 本人姓名

起名的第六种方式是直接采用本人姓名作为账号名字，这是最具有辨识度的一种起名方式。尤其是本身已在某一领域较为知名的运营者，本身就有名气和热度，因此入驻小红书后，与其重新取一个新名字，不如直接使用本名，账号也将会如虎添翼。

需要注意的是，这里所指的本人姓名，不仅仅局限于真实姓名，也可以是运营者在其他平台使用的艺名、化名等。比如，"李子柒""王七叶""朱佳航""李大药"等名字，都是以本人姓名或者艺名作为账号名字，具有极强的辨识度。

除此之外，采用本人姓名作为账号名字，还能够让用户感受到运营者的诚意，因为比起那些泛娱乐化的名字，采用本人姓名看起来更加真实可信，进而提升用户对运营者的信任度。

总而言之，名字是账号最重要的标志，每一位运营者都应该谨慎对待，根据自己的账号定位和个人特色，取一个让人过目不忘的好名字。并且账号名字确定下来之后，就不要随意变动了。

二、头像：真实好看又贴合你的定位

头像是账号的视觉标志，在运营者和用户素不相识的情况下，一个好看的头像能给用户留下深刻的第一印象，提高账号的辨识度。因此在选择账号头像时，要遵循三个原则：一是关联定位；二是匹配风格；三是清晰美观。

首先，关联定位是指头像要与账号的定位紧密关联，起到互为补充的作用。比如，健身博主最好用自己健身时的照片作为头像；母婴博主最好用自己的照片或者亲子照片作为头像。如果头像和账号定位毫无关联，就不容易在用户心中产生记忆点。

其次，匹配风格是指头像要与账号名字的风格相匹配。比如，有个性的名字，就可以配独特张扬的头像；治愈系的名字，就可以配小清新风格的头像。只有名字和头像相得益彰，才能加深在用户心目中的印象。

最后，清晰美观是指要选择像素较高的图片，不能模糊不清，同时确保图片色泽鲜明，美观大方，这样才能给用户一种赏心悦目的感觉。

具体来说，在设置小红书账号头像时，可以选择以下三种类型。

1. 真人头像

对于想打造个人IP的博主来说，选择真人照片作为头像是最佳的选择，因为观众可以直观地看到博主真实的相貌，有利于拉近用户和博主之间的距离。而且真人头像具有极强的辨识度，能与其他运营者迅速区别开来，让用户快速记住博主。

比较常见的账号真人头像示例，如图1-23所示。

图1-23　常见的真人头像示例图

真人头像有生活照、艺术照、形象照、自拍照等，究竟使用哪种类型的照片，需要根据账号的定位来确定。

如果账号的定位是某领域的专业人士，想要产出专业性的内容，那么最好选择正式一些的形象照或工作照，且露出全脸，凸显出专业、权威的感觉；如果账号的定位是偏生活化、轻松活泼的风格，那么选择清新自然的生活照、自拍照就会更加合适；如果账号定位是美妆类、时尚类博主，选用妆容明显的自拍照，将会快速吸引眼球。

如果运营者实在不便于在社交平台露出自己的全脸，那么可以考虑背影、挡脸、侧脸等方式，这也不失为一种折中的办法。

2. 卡通头像

卡通头像是指采用卡通人物形象作为头像，可以是根据自己的照片绘制的卡通插画，也可以是截取动漫中能够代表个人形象的人物。

使用卡通形象作为头像，能够使运营者给用户留下可爱、灵动的印象，也能保留一定的神秘色彩，给用户一定的想象空间。

小红书上常见的卡通头像示例，如图 1-24 所示。

图1-24 常见的卡通头像示例图

不过需要注意的是，卡通头像一般都是可爱、清新类型的居多，因此更适合搞怪、俏皮、可爱等风格的账号，那些内容调性比较严肃、正经的账号，通常不适合采用卡通人物作为头像。

3. 品牌头像

品牌头像是指采用品牌标识作为头像。通常情况下，如果是企业账号，那么必须采用品牌头像，这样可以让用户一眼辨认出这些头像属于什么品牌，知道这个账号是官方账号，因其具有一定的权威性，故能让用户产生强烈的信任感。

另外，如果是比较有影响力的个人或者是渴望打造出自己品牌的个体，也可以设计一款属于自己的 Logo，并将其作为头像，强化自己的品牌形象。

小红书上常见的品牌头像示例，如图1-25所示。

图1-25　常见的品牌头像示例图

总而言之，设置头像也是账号包装时的重要一环。跟账号名字一样，运营者选择好合适的头像之后，不要随意更改。因为随着笔记的发布，名字和头像可以不断加重账号在粉丝心中的印象，从而强化个人IP。

三、简介：让用户一眼看到你的价值

设置好了名字和头像后，还需要有简洁清晰、突出重点的简介。一个好的简介，是吸引用户关注账号的关键因素之一。

小红书的简介最多展示五行字，不能超过100字。因此，运营者一定要把握好这"一亩三分地"，言简意赅地打造出一个吸睛的简介，切忌写一堆没有意义的空话和废话，而是要突出关键信息，精准地传达出价值。

小红书账号简介的写法没有固定的格式，但好的简介通常会包含以下六项要素，如表1-3所示。运营者可以根据自身情况，从中选取3～5项组合成自己的简介。

表1-3　个人简介的构成要素

人设	我的身份、职业、年龄、身材、地域、性格等
技能	擅长的技能、取得的成就、获得的荣誉等
故事	我值得拿出来说的人生故事、经历
价值	用户关注我的账号能收获什么价值
态度	我的人生态度、价值观、座右铭、愿景使命等
联系方式	品牌和用户可以联系到我的联系方式

1. 人设

人设，即告诉用户该账号的运营者是一个什么样的人，可以从职业、身份、年龄、地域、性格等维度去回答，并对答案进行提炼、优化。

例如，小红书账号"北大皮肤科Dr. 张思"的简介第一句话是"北京大学皮肤学博主"，用户一看就能感知到博主的专业背景；账号"会飞的璐璐"的简介第一句话便是"二胎空姐辣妈"，简单直接地交代了自己的空姐＋二胎宝妈的双重身份；账号"魔都妈妈雪梨"简介第一句话是"超会自律的'80后'宝妈"，突出了自己的年龄和身份，让用户迅速对博主产生深刻印象。

需要注意的是，在提炼人设信息的时候，要注意信息的少而精，不必把自己所有的个人信息都堆砌上去，而是要挑选出与账号定位最相关的、最能展现个人特色的信息。

例如美妆、穿搭、护肤类博主，一般会写上自己的身高、体重、肤质、脸型等信息，因为对于关注这些领域的粉丝来说，博主的身材、肤质等信息是关键的参考因素。而知识类领域的博主，一般会凸显自己的职业身份、教育背景等，这样才能更好地展示自己的专业度，让用户更容易信服。

2. 技能

技能，即告诉用户自己擅长的技能、取得的成就、获得的荣誉等。如果运营者有一技之长，或者在职业领域具备一定的专业积累，就可以将自己的优势能力展现出来。

例如，小红书账号"Will 的医学护肤"的简介中写道"主攻国际品牌和国货护肤成分研究"；账号"蘑菇妈妈呀"的简介中写道"11 年基金从业，中欧商学院金融 MBA"；账号"纹眉师璐璐"的简介中写道"已帮助 5000+ 女生改造眉形，实现素颜变美"。

这些体现技能、成就的语句，都能够迅速让用户感知到博主在其专业领域很擅长，从而产生强烈的信任感。另外，写的时候，要注意多用数字或具象化的结果。

3. 故事

故事，即向用户展示自己的人生经历。可以是曾经的高光时刻，抑或是一段有趣的经历。目的在于让用户对自己有更深入的了解，拉近自己和用户之间的距离。

比如小红书账号"筝小钱"的简介当中有这样一句话"靠读书变现500万学区房，把爱好变成事业"，用户看到这句话就会对博主产生深刻印象，想要了解她通过读书赚钱、创业的经历；账号"硅谷小羊 Elva"的简介中这样写道"17 岁经济独立，28 岁财富自由，走过 70+ 国"，用户看完就会对博主的经历产生强烈的惊叹和好奇，不自觉地想要更深入地了解这位博主；账号"十三和要拳头"的简介第一句话是"从中国开房车去冰岛"，用户看到这句话时就会对该博主这一阶段的经历产生兴趣，忍不住开始关注博主分享的内容。

把这些体现故事、经历的语句放在个人简介中，能够让用户对自己的了解更多一些，也可以成为吸引用户关注的一个亮点。

4. 价值

价值，即告诉用户关注账号能收获什么价值。运营者可以用一句话总结概括自己将会分享的内容，好让观众一目了然，迅速理解关注这个账号后能获得何种价值。

比如，小红书账号"小A学财经"的简介中就有这样一句"在这里和你们唠一些有趣的财经故事"，用户通过这句话就能马上知道该账号是输出关于财经的内容，而且会用趣味化、讲故事的方式帮助大家理解枯燥的知识；账号"奥利酱"在简介中提到"分享30+女生精致实用穿搭"，用户看到这句话就知道该账号主要是分享30+女性穿搭方面的内容。

除了用一句话表明价值之外，运营者还可以用"列举关键词"的形式来体现账号分享的内容，这也是很多小红书博主会采用的方式。

比如，小红书账号"安妈美食记"的简介里这样写道"减脂餐｜甜品烘焙｜家常菜"；账号"安琴妈妈育儿记"的简介中有这样一句话"母婴干货｜教育启蒙｜好物测评｜育儿生活"；账号"云云讲学习方法"的简介里提到"学习干货｜提分技巧｜四六级｜好物分享"。

这种方式不仅清晰直观，而且列举出醒目的关键词，还能迅速抓住用户眼球，如果用户恰好看到自己感兴趣的话题，就会立马关注博主。

5. 态度

态度，即向用户表明人生态度、价值观、座右铭、愿景使命等。鲜明的态度可以让运营者与同类型的博主区别开来，给用户留下极为深刻的印象。

比如，小红书穿搭博主"吴敌"的简介中有这么一句"倡导多元化审美，真实比完美更重要！"用户看完这句话就能快速地接收到该博主对待穿搭和审美的态度，同时也会引起深深的共鸣；小红书教育博主"耶鲁恬恬学姐"的简介中有一句"希望帮助10万＋学弟学妹见识更大世界"，这句话就传递出博主的愿景使命是通过自己的分享，帮助更多大学生提升认知、开阔眼界。

这些精辟的金句、座右铭，在表明运营者态度的同时，也带有一股力量，让持有相同价值观的用户被吸引，对运营者产生强烈的认同和好感，从而关注账号。

6. 联系方式

个人简介是小红书官方唯一允许运营者设置联系方式的地方，运营者如果希望通过小红书实现引流、变现的目的，就可以在简介中留下自己的联系方式。

不过，小红书对于博主留联系方式有着严格的限制，目前只允许在简介留下邮箱，主要是方便品牌方通过邮箱向博主发送广告合作邀约。除此之外，像微信、手机号等其他联系方式都是不允许留的。

当然，如果某位小红书博主在所有的平台用的都是同一个昵称，那么就可以在简介里明确地告知用户"全平台同名"。用户如果想通过其他平台找到该博主，就可以自行搜索，这种方式是被小红书平台允许的。

小红书的简介最多可以展示 5 行字，因此，运营者可以根据自己的实际情况，从以上 6 项要素中挑选 3～5 项进行撰写，每项信息分行显示，避免出现大段文字。同时，可以适当加入一些表情符号，使文字更加生动活泼。

小红书平台上值得参考的账号个人简介示例，如图1-26所示。

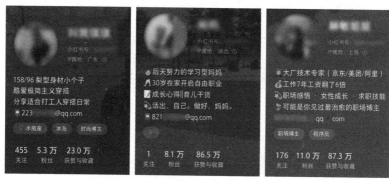

图1-26　小红书平台账号个人简介示例

主页包装看似简单细碎，但却暗藏着许多吸粉的"小心机"。因此运营者应该花心思用心设置，传达更多有用的信息，同时充分展现出个人特色，尽量把自己最好最优秀的一面展现出来，将主页资料区打造成一张独具特色的个人名片，以便帮助账号吸引到更多的粉丝。

第二章

爆款密码：
快速打造爆款内容的秘诀

　　每一位运营者都希望自己在小红书上获得源源不断的流量，从而快速涨粉变现。而想要实现这个目标，最快捷的途径就是打造爆款内容。

　　但打造爆款绝不是光凭运气就能随随便便做到的，这背后是有方法的。掌握正确的方法，才能高效地做出爆款。本章就从爆款规律、爆款选题、爆款封面、爆款标题这 4 个方面详解打造爆款笔记的秘诀。

第一节 **爆款规律：爆款笔记背后的底层逻辑**

在运营小红书的过程中，不少运营者都遇到过这样的问题：一篇精心撰写的笔记发布后，浏览量、点赞量寥寥无几，而其他博主发布的笔记看上去平凡无奇，却获得了较高的浏览量。因此在很多运营者看来，小红书的流量是"玄学"，能不能上热门全靠运气。

诚然，一篇内容最终能成为爆款，这里面或多或少会存在一定的运气成分，但如果运营者总想着依靠运气来运营账号，就注定是无法长期稳定地产出爆款的。

作为运营者，我们应该记住一句话："没有无缘无故的爆款。"任何一篇爆款作品的诞生，哪怕是看似偶然的成功，其背后都一定有着必然的道理和规律。如果我们没有看透爆款背后的本质，只是盲目地发布作品，然后"押宝"一般期待着流量来袭，那么成功的可能性是极低的。

因此，运营者应该在爆款笔记中寻找规律，总结打造爆款的关键点，并从这些关键点入手，着力提升内容质量，只有这样才能大大提高做出爆款的概率。本节就从做爆款必备的用户思维、爆款内容的三大特点、爆款笔记的四个要素等维度，详细拆解爆款笔记背后的底层规律。

一、制造爆款必备的用户思维

想要在小红书上做出爆款，第一步就是要摆脱"自嗨"，具备用户思维。许多新人博主之所以发布的笔记没流量、互动少，迟迟出不了爆款，大多是掉入了"自嗨"的陷阱之中。

所谓"自嗨"，就是在创作的时候，完全以自我为中心，只发自己喜欢的、想发的内容，从来没有思考过用户喜欢看什么，也不关心用户对什么感兴趣。

我在做账号诊断的时候经常遇到这样的案例，许多运营者的账号像极了朋友圈，发布的都是自己随手拍的生活日常，或者随意写一些想抒发的感悟，这样的内容并不是用户所关心和感兴趣的，所以注定不会成为爆款。

有一次，一位运营者来咨询，她是一名有着 7 年运动经验的健身达人，很想在小红书上成为一名健身博主，但在小红书上发了不少作品，播放量都少得可怜，于是她十分困惑地问道："我发的笔记都是我自己这几年健身的亲身经验，我对自己写的内容还挺有信心的，但为什么收到的点赞、收藏量这么低呢？"

我看了一下她发在账号上的作品，便发现了问题所在。以下是她账号发布过的部分笔记标题：

《健身、工作、学习，我是如何取舍和平衡？》

《我健身的三个蜕变阶段》

《我的第一个健身教练是我的大学学长》

《我是什么时候下定决心要加强上肢肌肉力量的》

《健身狂魔爱好多：钢琴吉他街舞样样行》

我："你为什么想做这些内容呢？"

她："因为我亲身经历过，也比较有经验，所以就想分享出来。"

我："那你觉得你的观众会对这些内容感兴趣吗？"

她："没有想过。"

我："你观察过小红书上关于健身的爆款笔记在讲什么吗？"

她："看过，很多动作跟练的、瘦身瘦腿方面的视频都比较火，说明用户对这些内容才是感兴趣的，是吗？"

我："没错，你已经知道问题所在了。你之前发的内容都是在自嗨，这些内容发在朋友圈，你的朋友们也许会给你点赞。但在小红书，根本没有人认识你，大家不会为你自嗨式的表达买单。只有你的内容让用户感觉到跟自己有关，用户才会点击观看。"

其实，许多新手最初发作品的时候，都会像这位运营者一样，习惯以自我为中心，根据自己有什么经历，有哪些兴趣，直接确定选题来发布内容。显然，这个思路是不正确的，想要运营好账号，应该具备用户思维，也就是以用户为中心，站在用户的角度思考问题，认真揣摩用户的需求和想法，了解他们想要什么，然后再去创作针对性的内容。

自嗨思维与用户思维的区别如图 2-1 所示。

因此运营者在正式做内容之前，应该围绕账号的定位，明确自己的目标用户，认真思考以下问题：

●他们是什么样的身份，什么年龄段？

●他们处于何种状态，面临何种挑战？

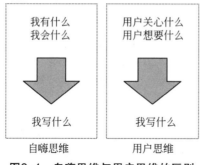

图2-1 自嗨思维与用户思维的区别

- 他们有什么痛点，有什么烦恼？

- 他们关心什么，喜欢什么？

- 他们渴望达到什么状态？

只有深入了解用户的想法，围绕他们感兴趣的话题，再结合自身的经验和知识创作内容，才算得上是一个优秀的创作者，这也是创作爆款的首要前提。

二、爆款内容具备的三大特点

小红书上爆款内容的形式看似千变万化，但通过归纳总结，我发现它们通常具有以下三个特点：具有实用性、勾起好奇心、引爆情绪点，如图 2-2 所示。而好的内容至少具备其中一个特点。

1. 具有实用性

具有实用性是指内容对用户有用，能帮助用户解决某种实际问题，比如分享一些技能、经验、方法、攻略、道理、好物等，这些都属于具备实用性的内容。

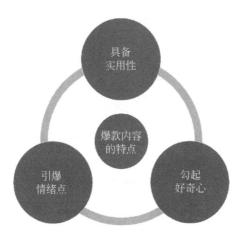

图2-2 爆款内容具备的三个特点

比如小红书上一篇标题为"六个超实用的站姿拍照，快来学"的笔记，为普通女生提供了拍照技巧的教学，收获了3.7万个点赞和2.8万个收藏；再比如一篇标题为"当妈后才知道的事"，为新手宝妈们分享自己育儿的经验攻略，收获了9.6万个点赞和14万个收藏，如图2-3所示。

这样的内容提供了较强的实用价值，许多用户看到后感觉对自己有帮助，于是愿意点赞，甚至收藏起来慢慢学习。所以通常来说，有实用性的内容容易获得很高的点赞、收藏数，甚至收藏数比点赞数更高，该笔记也就自然而然成为爆款。

这里也列举一些常见的具有实用性的爆款笔记：

《3个背书妙招｜一天背完一本书！》（9.2万点赞）

《20岁时没人告诉你的10个道理，早知道早开窍》（3.7万点赞）

《8个开学宿舍好物！学生党必备》（3.5万点赞）

图2-3 具有实用性的小红书笔记

《宝宝发烧，7个物理降温方法！妈妈收好！》（1.2万点赞）

小红书的用户本身就喜欢在平台上做功课、学技能，希望获得"新知""资讯"或"小妙招"，因此运营者多从实用性角度出发，做一些对用户有用的内容，就会更容易受到用户的喜爱和欢迎。

2.勾起好奇心

勾起好奇心是指内容引起了用户强烈的好奇心理。人一旦对某件事物产生了好奇心，就会不由自主地想去一探究竟。许多聪明的创作者正是利用了这一点，分享一些带八卦属性的信息、稀缺的经历体验、新奇事物等，从而勾起用户的好奇心，引爆作品的流量。

勾起用户好奇心的爆款笔记如图 2-4 所示。

由图 2-4 可以看出，第一篇笔记标题为"同一件衣服，化妆前后差距有多大"，这个标题就留足了悬念，勾起了用户的好奇心，令人很想看看妆前妆后究竟有怎样的差别，最终该笔记收获了8.9万个点赞和8000多个收藏。

图2-4　能勾起用户好奇心的小红书笔记

第二篇笔记标题为"住在寺庙是一种怎样的体验"，虽然大部分人对寺庙都有所了解，但却很少有人住过寺庙，所以用户也会十分好奇博主在寺庙居住的经历，忍不住点开观看，最终该笔记收获了6.2万个点赞和14万个收藏。

这里也列举一些常见的勾起好奇心的爆款笔记：

- 《只有女生才能做出来的动作，不信你试试！》（13.7万点赞）

- 《不同年代的女生如何过生日？》（41万点赞）

- 《24岁只工作不上班，月入5W的博主一天有多忙？》（1.2万点赞）

- 《假如回到古代，想吃方便面怎么办？》（27.5万点赞）

因此，运营者在构思内容时，可以适当加入一点趣味和创意，以便能够引起观众的兴趣和好奇心，吸引更多的点击量。

3. 引爆情绪点

引爆情绪点是指内容能够戳中用户心理，调动用户情绪。《奇葩说》缔造者牟頔说过一句话：内容的本质是情感的共鸣和情绪的共振。人都是有共情力的，都有七情六欲。所以，当一篇内容里包含了爱情、亲情、友情等情感，或者包含了愤怒、怀旧、爱国、暖心、愧疚等情绪，那么用户便会感同身受，自发地点赞、评论、转发，内容就能得到广泛的传播。

比如小红书上一篇标题为"流浪猫把它的孩子送给我了"的笔记，发布后仅两个月，就收获了19万个点赞、4.2万个收藏以及1900余条评论，如图2-5所示。

图2-5　标题为"流浪猫把它的孩子送给我了"的小红书笔记

这条视频之所以成为爆款，就是因为博主拍摄的视频内容，触碰到了观众心里最柔软的部分。用户观看时都情不自禁地同情起流浪猫的遭遇，也会被猫妈妈的母爱所感动和温暖。这些强烈的情绪一旦被挑起，大家便会纷纷点赞，并在评论区表达自己的感受，因此笔记才在短时间内受到了大批用户的欢迎。

这里也列举一些常见的引爆情绪点的爆款笔记：

- 《国庆升旗仪式，总是让人热泪盈眶》（26万点赞）
- 《关于我的焦虑和自卑 | 因为外貌遭受过多少恶意》（5.1万点赞）
- 《当代年轻人的现状你中了哪几条？》（5.7万点赞）
- 《所有人都想拯救世界，却没有人帮妈妈洗碗》（43.5万赞）

用户更容易被有情绪共鸣的内容所吸引，许多爆款作品正是通过情感表达，戳中用户的笑点、泪点、愤怒点等，激发出观众的情感共鸣，才让作品被广泛传播，成为爆款。

总结一下，爆款内容的三大特点分别是具有实用性、勾起好奇心、引爆情绪点，可以说绝大多数爆款内容都至少具备其中一个特点，有的爆款甚至同时具备2～3个特点。

所谓"外行看热闹，内行看门道"，运营者平时浏览爆款时，万万不能走马观花，一定要结合这三个特点，认真挖掘这些作品成为爆款的深层次原因，多提高对爆款作品本质的感知，这样才能提升网感，进而提高做内容的胜算。

三、打造爆款笔记的四个要素

虽然许多运营者非常清楚地知道爆款内容具有什么特点，但并不是所有人都能创作出爆款内容。想要真正打造出爆款笔记，运营者还需要掌握一套系统的方法论。

笔者经过大量的实践和探索，对无数爆款进行了拆解和研究，发现小红书爆款笔记的诞生都不是靠单一因素的发力，而是多种因素综合作用的结果，比如引人入胜的文案、高颜值的图片、质感高级的画面、有噱头的标题、巧妙的运营动作等。但是，每位运营者的精力和经验都是有限的，在实际操作过程中，很难事事兼顾，不太可能把每一个方面都做到非常出彩。

因此运营者在创作内容时，要善于抓住最核心的部分，只有把力气花在刀刃上，才能以一驭万，以最少的成本和最快的速度高效打造出爆款笔记。

笔者认为，打造一篇爆款笔记最核心的要素有四个，分别是选题、封面、标题和正文，如图2-6所示。运营者如果抓住这四个要素，就会大大提高做出爆款的概率。

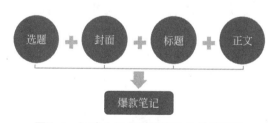

图2-6 打造小红书爆款笔记的关键要素

首先是选题。所谓选题，就是一篇笔记的核心主题。选题决定了有多少人可能会对这篇笔记感兴趣。如果一篇笔记的选题是绝大多数人都不关心、不感兴趣的，那么即使笔记质量再好，点击率也还是上不来。只有选题做好了，才能事半功倍。

其次是封面。在小红书的双瀑布流显示下，笔记的封面占据着最大的版面，因此用户浏览主页时的视觉注意力基本都落在封面上。一张有视觉冲击力的封面，才能吸引用户的注意，从而让对方点击观看。

再次是标题。在小红书每篇笔记的封面下方，还有两行字的空间用于显示笔记的标题，因此标题也是用户获取笔记主题的重要来源之一，可以说谁的标题第一时间抓住了用户的眼球，谁就抢占了流量的先机。

最后是正文。正文的作用是把用户留住，并且让他们对笔记做出进一步的互动，如点赞、收藏、评论等。如果一篇笔记，仅靠着有噱头的封面和标题把用户"骗"进来，但用户看了正文却发现没有达到他们的预期，就会马上选择离开，而不会进行互动，那么笔记也无法获得进一步的推流，因此优质的正文内容也是笔记成为爆款的重要支撑。

因此，运营者在创作笔记时，要牢牢抓住选题、封面、标题和正文这四个关键要素，认真制作，方能快速做出爆款。

 爆款选题：决定笔记成败的关键

许多运营者都遇到过这样的情况：花费了许多时间和精力打

磨内容，把文案、图片或者视频制作得非常精良，但发布出去后却数据惨淡。之所以出现这种情况，很有可能就是他们忽略了决定笔记成败的关键因素——选题。

其实，一篇作品能否成为爆款，80%是由选题决定的。选题选得好，就会有更多的人感兴趣，作品阅读量自然就上去了；如果选题不好，没有多少人关心，那么即使内容写得再好，也是无人问津。

举个例子，以下两个与父亲节有关的选题，哪一个更有可能成为爆款呢？

A. 父亲节的由来

B. 父亲节送礼清单

只要我们稍加思考，就不难想到：当父亲节来临时，大多数人都会比较关心送什么礼物给父亲，而不是关心父亲节是怎么来的。因此，"父亲节送礼清单"这个选题更有可能成为爆款笔记。

在小红书上分别搜索"父亲节由来"和"父亲节送礼"，其相关笔记实际的点赞数据也印证了我们的猜测，如图2-7所示。在"父亲节由来"这个选题下的笔记，点赞量大多都是几十或者几百，几乎没有点赞量过千的爆款笔记，如果运营者选择这一选题，基本上就注定了与爆款无缘；而"父亲节送礼"这个选题下的笔记，点赞量过千、过万的比比皆是，热度明显高了许多，选择这一选题做内容，爆款的概率就会大大提升。

所以，发作品时最重要的一步就是做选题。选到一个优质的选题，作品就已经成功了一半。关于选题，我们要了解爆款选题的内核、如何挖掘爆款选题以及搭建选题库的步骤。

图2-7　在小红书搜索"父亲节送礼"和"父亲节由来"看到的笔记数据

一、两大内核，看透爆款选题的本质

到底如何做选题才能让更多人愿意看？接下来为大家介绍爆款选题背后的两大内核：覆盖人群大和痛点程度高。

1. 覆盖人群大

选题的覆盖人群就是指对笔记讨论的话题感兴趣的潜在观众。选题的覆盖人群越大，对这个选题感兴趣的观众也就越多，那么播放量也会越高。如果选题太小众，只是局限于某个小范围群体，其他人根本不会打开看，出爆款的可能性就会比较低。

比如，小红书某咖啡博主发布了两篇关于咖啡知识的笔记。笔记1的标题是"咖啡馆12种基础咖啡种类"，获得了2.1万个点赞；笔记2的标题是"世界咖啡产区之亚洲篇"，只有5个点赞，如图2-8所示。

笔记1　　　　　　　　　　笔记2

图2-8　某博主以"咖啡"为主题发布的两篇笔记

为什么同样都是有关咖啡的主题，同样都是制作精美的笔记，笔记的互动数据会有如此大的差别？核心问题就出在选题上。由图2-8可见，笔记1讲的是"12款咖啡的区别"，这个主题的阅读群体几乎涵盖了所有对咖啡感兴趣的人，少则数千万人，多则上亿人；笔记2讲的是"世界咖啡产区之亚洲产区"，这个主题的覆盖人群明显就少很多，只有从事咖啡行业的人或者资深的咖啡玩家才会去看，所以它的流量注定没法跟笔记1相比。

因此，运营者平时做选题时就应该具备这个意识，当我们有多个主题可以选择时，优先选择覆盖人群更广、更加通俗易懂的选题。

比如，定位在数码领域的账号，如果账号发的都是像"某款电脑的性能解析""各种手机配置参数"这样的选题，那么大概率只有电子产品发烧友才会感兴趣。但如果换个思路，尝试把选题做得偏向大众一点，比如像"大学生买电脑怎么选""新电脑到手后必做的 6 个设置，告别卡顿"以及"iPhone 的隐藏功能大全"这样的选题，那么受众面一下子就打开了，让更多本来对此并不关心的人也变得愿意观看，这对于账号在流量破圈和吸纳新粉丝方面都大有帮助。

再比如，定位在女性成长领域的账号，可以多选择一些普适性强的选题，例如"什么样的女孩能赚大钱""人人可复制的成功心法""6 个旺自己的小妙招"等，这样的选题，覆盖人群广，不管什么年龄、什么职业的用户，都会感兴趣，有利于增加笔记的播放量。

2. 痛点程度高

所谓痛点，也就是用户日常生活中遇到的问题，如果问题得不到解决就会很痛苦。用户的痛点很多，有的是强痛点，有的是弱痛点，其痛苦程度是完全不同的。选题的痛点程度高，是指选题能够直击要害，戳中用户最痛苦、最想解决的问题，而不是那些无关紧要的小问题。选题的痛点程度越高，用户就越想寻找解决方案，从而会忍不住想要观看。

比如，定位在母婴领域的账号，选题的覆盖人群都是孕期女性，但是与孕期穿搭相比，孕期的饮食禁忌、产前准备就是更强的痛点。就一般情况而言，在面对这样的用户群体时，讨论孕期饮食、孕产攻略等话题，就会比讨论孕期穿搭这样的话题获得更大的流量。

如果分析一下小红书上那些点赞量超高的爆款作品，就不难发现，这些选题的痛点程度都足够高。两篇点赞量超过50万的小红书笔记如图2-9所示。

图2-9　小红书上两篇点赞量超过50万的笔记

由图2-9可以看出，第一篇标题为"拐卖成人的人贩子从未离开，就在我们身边"的笔记，就是抓住了用户对于社会拐骗现象的恐惧和不安。人身安全是人们内心最基本也是最强烈的需求，其痛点程度足够高，用户出于本能就会想要观看，因此笔记收获了88万个点赞。

第二篇标题为"挑战不看题，纯蒙全对：完形填空选项设置的秘密"的笔记，狠狠戳中了学生党强烈渴望考试拿高分的心理需求，考试拿高分无疑是绝大部分学生在念书时期最强烈的愿望，痛点程度也足够高。大部分学生党刷到这篇笔记都会忍不住点击进行观看，还会自发收藏、转发分享给其他同学，因此这篇笔记才能收获 213 万个点赞，成了超级大爆款。

因此，运营者在做选题的时候，可以优先选择需求更强烈的痛点来切入，这样一来爆款的概率就能大大提高。

二、五种方法，快速挖掘爆款选题

关于如何快速找到爆款选题，我总结了五种简单实用的方法。

1. 近期爆款笔记选题法

近期爆款笔记选题法指的是，把近期内已经成为爆款的笔记选题再重复做一遍。那小红书上什么样的笔记可以称之为爆款笔记呢？单从点赞这个维度来说，点赞数超过 1000 的笔记是小爆款，点赞数超过 10 000 的笔记则是大爆款。

很多新手运营者会觉得，别人已经爆过的内容我就不能再做了，甚至认为需要另辟蹊径，创新内容才能脱颖而出。其实这是一个非常大的误区，因为太阳底下无新鲜事，尽管用户每天浏览的内容形式在不断变化，但是人们的需求和痛点始终不会变，曾经火过的内容，一定还会再火一遍。

所以，如果一个作品获得了高赞，就代表着它已经接受过市场的验证，代表观众对其是感兴趣的，那么这个选题就值得再做一遍。

可是怎么才能快速搜索到大量的爆款作品选题呢？

首先，运营者需要罗列出本领域的核心关键词。核心关键词要具备两个条件：一是和内容领域有密切关系的；二是用户平常会提及或喜欢用的，注意不要过于冷门生僻。

比如我们要做一个职场干货号，那么和职场相关的核心关键词有哪些呢？比如职场、升职、加薪、领导、加班、社保、辞职等，这些就属于核心关键词。提到这些词，我们会瞬间联想到职场场景，同时用户对这些词也非常熟悉。为了便于搜索到更多、更全面的内容，运营者至少要列出10个核心关键词，上不封顶。

有了核心关键词后，下一步就是把关键词放到平台上进行搜索。

以职场领域为例，我们在小红书搜索框里搜索"职场"这个词，点击"全部"按钮，选择"最热"，点击"筛选"按钮，可以根据自己的需求选择只看"图文"或者"视频"，点击完成后，就可以看到点赞量较高的爆款作品靠前显示，如图2-10所示，而这些高点赞量的选题都要记录下来。

图2-10　在小红书搜索与"职场"相关的爆款笔记

不过，运营者在筛选选题时，最好注意时效性，尽可能记录近半年内发布的爆款选题，因为太久远的作品，有可能不能贴合观众们近期的胃口。因此，要选择半年内发布的、点赞量过千或者过万的爆款作品选题来模仿，这样运营者打造出爆款的概率就会更大。

2. 痛点选题法

痛点选题法，就是结合目标用户的痛点和需求来确定选题方向，也就是用户需要什么就生产什么，用户缺什么就给什么。

想要找到用户的需求和痛点，就要把自己代入用户真实的生活、工作场景里，思考用户在做一件事的过程中，可能遇到什么难题，自己能够为他们提供什么帮助。

比如，如果运营一个美妆账号，那么账号所对应的目标人群就是化妆新手、想要学习化妆的女生。运营者要思考用户在化妆的时候会遇到哪些问题，如"底妆总是卡粉、脱妆""不会画眼妆""不会画眉毛"等，这些痛点就包含着大量的选题。

通过这样的思考，运营者就可以将用户的常见痛点和需求一一罗列下来，作为备选选题。但是一个人的想法和经验始终有限，还有什么办法可以获得更多的用户痛点呢？

这里推荐运营者借助大数据进行搜索。具体的搜索方法是将"领域关键词"与"怎么/如何/怎样"进行组合，然后在内容平台搜索，以获得更多的痛点灵感。

以"减肥"领域为例，我们在小红书的搜索框里输入"减肥怎么"或者"减肥如何"等词语，系统就会自动显示出许多下拉词，例如"减肥怎么控制食欲""减肥怎么吃""减肥怎么坚持"等，如图 2-11 所示。

图2-11 在小红书上搜索痛点的方法

其他领域也是如此。通过这样的方式搜索出来的下拉词，都是大数据统计出来的用户经常搜索的问题，运营者便可以借此获得许多热度较高的选题灵感，继而围绕这些痛点做选题，就会很容易做出用户喜爱的内容。

3. 对标同行法

对标同行法是指去同类的账号当中找灵感。做自媒体一定不能闭门造车，而是要多关注优秀的同行账号、同类型账号，因为同行账号和我们的定位相似、用户群体相似，其做法值得我们参考和借鉴。运营者要学会借力发力，站在前人的肩膀上进行思考。

因此运营者至少要找到3～5个对标账号，并深入观察对方的主页，了解对方平时发的是哪方面的选题，哪些选题数据好，哪些选题数据不好，把他们数据好的选题都记录下来，作为自己的选题来源。

借鉴同行已经火过的选题是一种很好的方式，但需要提醒的是，借鉴选题不等于抄袭，这就好比语文考试中的命题作文，大家都是用的同一个题目，但是每个人写出来的作文都不一样。所以，运营者在借鉴同行选题的时候，不能照搬对方的内容，一定要有自己的原创见解和思考。

4. 高赞评论选题法

高赞评论选题法是指从爆款作品的高赞评论中得到一些选题的灵感。

运营者可以多观察本领域爆款作品的评论区，留意那些高赞评论，它们就是用户强烈需求的聚居地，能切实反映出用户的痛点问题。

例如在小红书某美妆博主的一条视频中，有3550条评论，其中有一条内容为"老师有没有戴眼镜眼妆的化法"的评论，获得了1956个点赞。这就代表着这条评论说出了许多用户共同的心声，如图 2-12 所示。

得到这个选题灵感后，我们可以提炼出关键词"戴眼镜眼妆"，然后在小红书进行搜索，就会发现在这个话题下有非常多的爆款笔记，也验证了这个选题的确是具备爆款潜质的，所以做美妆领域的博主完全可以围绕这个需求来做选题。

因此，运营者可以多留心评论区，多挖掘那些呼声很高的评论，就可以收集到许多有潜力的选题，做出深受用户欢迎的内容。

5. 热点选题法

"蹭热点"是一种很高效的选题方式，当某个事件或话题在社会上引起广泛关注时，可以借着这个热点来做选题，从而吸引更多的观众和流量。

那热点从哪里来呢？常用的方法是在各大平台热点榜查看，比如知乎热搜、微博热搜、抖音热搜等。小红书也有自己的热点榜，点击主页右上角的放大镜，就可以看到"搜索发现"，这里会显示小红书平台上的实时热点话题，如图2-13所示。

图2-12　小红书某笔记评论区中的高赞热评

图2-13　小红书的热点榜界面

当然，运营者不能盲目追随热点，在创作的时候不能跟风、跑偏，而是要结合自己的领域和定位产出内容，热点只是作为切入点，创作的内容仍然要展现出自己在本领域的专业度。

例如2023年电视剧《狂飙》大火，针对同一个热点，情感博主会讲《跟高启强学情绪管理》；美妆博主会讲《狂飙大嫂同款卷发教程》；法律博主会讲《高启强犯了多少罪，超全盘点》；房产博主会讲《探秘高启强 $971m^2$ 游艇别墅》。

以上就是挖掘爆款选题的五种方法，运营者如果灵活运用，就可以搜索到大量的爆款选题。

三、简单两步，轻松搭建爆款选题库

很多新手运营者没有搜集爆款选题的意识，等到每次要创作的时候才临时去搜选题、构思选题，这样工作效率是很低下的。因此，每位运营者都必须建立自己的爆款选题库，这样就不会再陷入不知道该写些什么的焦虑中去了。

具体怎么建立选题库呢？可以分为两个步骤：一是规划选题栏目；二是填充爆款选题表。

1. 规划选题栏目

规划选题栏目是非常重要的一步，如果一个账号的选题没有经过规划，那么运营一段时候之后，就会发现账号上的内容发得杂乱无章，没有秩序性。

因此，运营者可以像策划电视栏目一样来规划自己的选题栏目，也就是将账号将会输出的内容分门别类，逐一列出，让整个账号的选题板块更加清晰。

举个例子，同样都是定位"小红书运营"的账号，第一个账号今天发"涨粉小技巧"，明天发"被限流了怎么办"，想到什么就发什么；而第二个账号按照账号的策划、制作、运营、变现这几个关键的板块做系列化的内容输出，你会更愿意关注哪一个账号呢？答案是显而易见的，第二个账号对内容有规划，给人的期待感会更强，涨粉也会更快。

同理，任何领域的账号其实都可以进行选题栏目的规划，例如一个职场账号，可以将账号的内容划分为"职场进阶""求职干货""职场好物分享"；而一个母婴账号，可以将账号的内容划为"孕产经验""母婴好物分享""宝宝早教"等。

运营者最好根据自身账号的定位，选择合适的维度来做栏目规划，这样在做选题时，方向就会清晰明确，也会吸引到黏性更高的粉丝。

2. 填充爆款选题表

规划好选题栏目后，运营者就可以建立一个爆款选题库表格，如表2-1所示。

表2-1 爆款选题库表格

栏目类别	爆款作品标题	来源	点赞数	收藏数

第一列的"栏目类别"填写不同的选题栏目，然后运用前文提到的五种搜集选题的方法，大量搜集爆款选题，并把搜集到的爆款选题分门别类地放入表格中，同时把爆款作品的标题、封面文案、来源、点赞数、收藏数等信息记录下来，这样查看的时候就会一目了然。

运营者一开始应该至少搜集50个爆款选题，并将其填写在选题库表格中，这样在创作的时候，就可以从中选择比较感兴趣的话题来写，会大大提高爆款的概率。

不过，建立选题库并不是一劳永逸的事情，它需要持续更新，每当在小红书刷到一些不错的爆款笔记，也应该顺手收藏起来，等方便时再统一录入爆款选题库中。

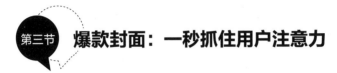

爆款封面：一秒抓住用户注意力

封面就相当于小红书笔记的门面，想要增加笔记的曝光量，最重要的就是要把封面图做好。因为当用户在发现页快速刷内容时，吸引他们目光停留并点开笔记的最重要的因素一定是封面。

如果封面不能在一众笔记中突出，那么用户就不会注意到这篇笔记。只有封面吸引到用户的眼球，用户才有可能把笔记点开往下看，笔记的"小眼睛"才会增加，也才会有"赞藏"、涨粉的可能。

一、爆款封面的五种热门版式

当我们打开小红书，就会发现平台上各种笔记的封面图可谓是五花八门，多姿多彩，那么到底什么样的封面才算好呢？这个问题其实很难回答，因为每个人的审美都具有主观性。但我们通过总结一些热门笔记的封面图，可以发现它们大多都采用了比较类似的版式和设计。

下面就介绍五种目前在小红书上使用率比较高且受用户欢迎的封面版式。

1. 高颜值美图

高颜值美图，是指用具有高颜值的人物、场景或物品图片作为笔记的封面。"颜值即正义"，美本身就是一种稀缺资源，人们天生就更喜欢欣赏美的事物，比如美女、美食、美景等，一张赏心悦目的美图有时候胜过千言万语。因此许多博主都会直接用一张高颜值的图片作为笔记的封面，来增加封面的视觉冲击力，如图 2-14 所示。

图2-14　以高颜值美图作为笔记封面的示例

这一类封面适合以视觉、颜值为主的领域，比如美妆、穿搭、美食、家居、摄影、好物推荐、旅游等。

运营者在使用这类图片作为封面时需要注意的是，一定要做到"一图制胜"，图片的颜值一定要非常高，画质清晰，色彩鲜亮，氛围感强，要给人一种看了就想点赞的感觉。

2. 单图＋文字

单图＋文字，也就是用一张清晰美观的图片，配上显眼的文字来点明主题，吸引用户对内容产生兴趣，从而主动点开笔记。小红书里有许多博主采用这种方式来制作封面，如图 2-15 所示。

图2-15　以"单图+文字"作为笔记封面的示例

使用这类封面时，运营者可以自由选择封面图片，可以是自己拍摄的照片，也可以是真人出镜的自拍照，还可以是手绘图。

相比于高颜值美图类的封面，这种单图＋文字的形式被使用的频率更高，因为大多数的博主并不是靠图片的高颜值来取胜，而单图＋文字的形式就可以扬长避短，通过增加显眼的文字来进一步传递笔记核心主题，好让用户的视觉焦点落在封面的文字上面。这类封面通过图片和文字的巧妙结合，共同向用户传递出丰富的信息，适合干货经验分享、好物种草等类型的笔记。

运营者在制作此类封面时，要注意图片和笔记内容、标题文字的风格相匹配，从而使笔记整体更加协调。

3. 对比图

对比图指的是通过两张或多张图片来制造前后对比，突出不同事物间的强烈反差，或者展现前后变化，凸显效果，适合美妆、减肥、健身、穿搭等领域。小红书上比较常见的以对比图作为封面的笔记示例如图 2-16 所示。

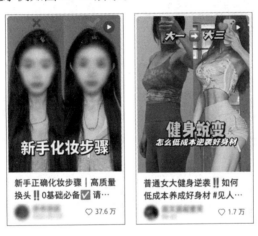

图2-16　以对比图作为封面的笔记示例

运营者在使用对比图作为封面时，要注意每张图片的拍摄场景与角度最好不要发生变化，这样才能更好地凸显对比。同时，图片之间的差距要尽量大一些，才能更具视觉冲击力，从而吸引用户的注意。

但运营者也不能为了突出变化就弄虚作假，切记不能进行过度修图等操作，因为不论是用户还是平台，都更喜欢真实的经验分享，那些虚假、夸大、失真的图片不仅会引起用户的反感，而且还可能被系统判定为违规行为。

4. 拼图

拼图类的封面图在小红书上同样被广泛使用，当运营者想要展示的元素较多，一张图片不够用时，就可以采用拼图的办法，把多张图片拼接起来，让封面看起来更加丰富，显得信息量很足，如图 2-17 所示。

图2-17　以拼图作为笔记封面的示例

拼图类封面能够很直观地展示不同类型的产品、场景，或者创作者的多个作品，适合好物种草、旅游攻略、穿搭分享、美食盘点等类型的笔记。

需要注意的是，使用拼图的形式很容易让封面图看起来杂乱无章，此时就很考验运营者的图片拍摄和修图技巧了，要尽量让每张图片的构图、色调、风格、氛围保持一致，这样拼接出来的图片才会显得更加协调、有序，封面图也才会更加美观。

5. 纯文字图片

封面图片一定需要非常好看的图片吗？其实不一定，小红书上也有不少博主直接采用纯文字图片，在第一时间向用户传达该笔记的核心内容，也能获得很高的流量，如图2-18所示。

图2-18　以纯文字图片作为笔记封面的示例

这种纯文字图片的封面，背景干净清爽，文字醒目突出，能够给用户带来舒适的阅读体验，适合硬核教程、知识科普、干货分享等类型的笔记。

需要注意的是，用纯文字图片作为封面时，如果图片中文字内容过于枯燥、单调，那么对于用户来说就没有吸引力。因此运营者在设计图片时，一方面要用放大的文字点明笔记主题，最好设置醒目的关键词，抓住用户的眼球；另一方面也要在字体、排版方面下功夫，增加视觉上的美感和趣味性，让文字看起来不那么单调。

以上就是在小红书上比较受欢迎的五种热门笔记封面版式，

运营者可以根据自己账号的定位、笔记类型来选择适合自己的封面版式。

二、制作封面的四个核心要点

在了解了小红书封面的热门版式之后，运营者还需要掌握封面制作的要点，这样才能更好地制作出优质封面图。接下来介绍制作封面的四个要点。

1. 使用竖版尺寸

运营者制作封面图时首先要注意的就是封面图的尺寸，这一点非常重要。一旦封面图尺寸不合适，就会严重影响其展示效果。

目前，小红书支持的封面尺寸有三种：竖版 3∶4、横版 4∶3 和正方形 1∶1，如图 2-19 所示。

竖版3∶4　　　　　　横版4∶3　　　　　　正方形1∶1

图2-19　小红书上常见的三种笔记封面尺寸

笔者建议运营者优先选择竖版3∶4的尺寸，因为相较于横版4∶3和正方形1∶1的尺寸而言，竖版的图片占据屏幕的空间更大，在发现页的双瀑布信息流中会更加显眼，更容易吸引到用户的注意。

2. 图片清晰美观

对于封面而言，如果图片的质量够高，就会增加不少成功的筹码。因此运营者在拍摄图片时，要加强拍摄技巧，确保图片画质清晰，色调明亮，这样的图片才更容易被用户喜欢。如果是非自己拍摄，那在搜索和挑选图片时也要注意优中选优，选择综合效果最佳的图片来做封面。

举个例子，下面是两篇以"好书分享"为主题的笔记，其封面图都是博主为书籍拍摄的照片。笔记1的点赞量寥寥无几，但笔记2却收获了1.8万个点赞数，这是为什么呢？

这两篇笔记封面的截图如图2-20所示。

笔记1　　　　　　　笔记2

图2-20　两篇同以"好书分享"为主题的笔记封面截图

如果仔细观察这两篇笔记的封面就不难发现，笔记 1 的封面图片明显不够清晰，照片为逆光拍摄，而且没有正确对焦，导致背景过亮、主体过暗，整张照片暗淡、模糊，缺少美感。用户看照片时连书籍的封面都无法看清，自然不会产生点击的欲望了。反观笔记 2 的封面，画面清晰、干净，色调温暖明亮，看起来赏心悦目，对用户来说这样的图片自然更加具有吸引力。

因此，运营者在拍摄或者选择图片的时候，要格外注意图片的清晰度和美观度。如果是自己拍摄，就要确保现场光线充足，尽量让整个画面更加明亮。当然，有时我们用手机拍摄出来，画面可能会偏黄、偏暗，这时可以用修图软件进行后期处理，比如调节亮度、添加滤镜等，尽量把图片处理得更具美感。

除了画质、色调之外，拍摄时的构图和布景也是影响图片质量的关键因素。合理构图、用心布景的图片，自然会更吸引用户的注意。

举个例子，下面是两篇以"晚餐分享"为主题的笔记，其封面图都是博主拍摄的当天的晚餐，如图 2-21 所示。

笔记 1 的封面图，构图不够合理，整个画面呈现歪斜状态，且下半部分留白太多，视觉上不够美观。相比之下，笔记 2 的封面图就养眼许多，构图比例合适，主体突出，而且博主在布景方面花了很多巧思，比如使用高颜值的木质餐具提升格调，增加一些好看的桌面摆件增添氛围感，这些细节上的用心之处都为图片增色不少。

因此，运营者在拍摄时就要针对构图和布景下足功夫，否则拍摄出来的照片本身就欠缺质感，那就注定没办法成为一张吸引人的封面图片。

笔记1　　　　　　　　　笔记2

图2-21　两篇同以"晚餐分享"为主题的笔记封面截图

3.文字可读性强

文字可读性强，主要指封面上的文字要清晰、好认、易懂，这样才便于用户更好地阅读。

不少新手运营者为了更全面地传达笔记价值，于是在封面上放了大量的文字，这种做法往往适得其反。因为用户在网上刷信息时速度很快，如果扫过封面的时候，文字堆砌太多，无法一眼识别关键信息，便不能理解笔记的主题，随即就会直接略过，而不会停下来认真仔细地观看封面。

图2-22为小红书上两篇同样以"儿童百科书推荐"为主题的笔记。

由图2-22可见，笔记1的封面文字非常多，字体又小，用户面对这样密密麻麻的文字时会失去阅读的耐心，也不能捕捉到重点，自然无法激起对这篇笔记的兴趣。而笔记2上的文字只有"百科书喂大的孩子起点高出一大截"这一句话，不仅简洁明了，而且戳中了父母对孩子成才的渴望，自然就容易吸引用户点击。

笔记1　　　　　　　　笔记2

图2-22　两篇同以"儿童百科书推荐"为主题的笔记封面截图

因此我们在封面上放置的文字要少而精，这就要求运营者提炼出简单明了的文案，要能概括内容的核心主题，最好不要超过20个字，并尽量放大字号。只有简洁、醒目的文字才能让用户一眼就感知到笔记的价值点和亮点。

除此之外，字体样式和颜色也是影响可读性的重要因素。

关于字体样式，运营者要选择笔画规范、方正的字体，如黑体等笔画较粗、变化不多的字体看起来比较省力，可以优先选择，也可以使用修图软件中的一些热门花字；避免使用手写体、毛笔体、卡通体、艺术字等较难辨认的字体。选择字体最重要的是要考虑阅读性，而不能一味追求好看、新奇和个人偏好。

关于文字颜色，遵循"深浅搭配"的原则，也就是浅色背景要搭配深色字，深色背景要搭配浅色字。比如底色是黑色，文字颜色就可以选用白色、黄色等。文字颜色与背景有较大反差，文字才会显得更清晰、易读。

4. 字体风格协调

合适的字体不仅能够传达封面的主题，还可以赋予封面丰富的感染力，给用户带来视觉上的享受。因此，运营者在设计封面时要注意字体风格符合账号及内容的定位，不能为了主观喜好而设计一些不符合账号调性和内容风格的元素。

比如硬核知识、职场教学类的内容，就适合偏稳重风格的字体，如果选择可爱、搞怪的字体，就会显得不协调；同理，如果是萌娃类账号，就适合轻松活泼风格的字体，若搭配过于厚重、正式的字体，显然是格格不入。因此运营者在设计封面文字时，应该选择适合账号和内容调性的字体样式。

以上就是封面制作的技巧和要点。运营者可以在制作封面的过程中，遵循这些要点，从而提升自己制作封面的水平。

需要提醒的是，运营者在制作封面时，要注意统一封面风格。封面风格统一，并不是说每张封面的图片要一模一样，而是在整体排版、配色、字体上尽量统一，这样账号主页看起来就会整齐划一，视觉上也会更加舒服。

反之，如果一个账号主页里的封面五花八门，充斥着各种字体、各种颜色，就会使用户容易产生烦躁的心情，也就不会产生关注账号的欲望。

因此运营者不要频繁变换封面的样式，尽量统一封面风格，打造令人赏心悦目的主页，这样才有利于更快地涨粉。

第四节 爆款标题：瞬间提升笔记点击率

　　除了封面，标题也是吸引用户眼球的重要部分，只有标题让用户产生点开的欲望，作品才会有阅读量。而很多人没有意识到这一点，花费了很多时间精心制作内容，却在发布前，花几分钟随意写了个平淡的标题，就发布出去了，根本不把标题当回事，那注定是很难出爆款。

　　成熟的运营者都会在标题上下很大的功夫。比如，我自己每次完成笔记后，都会花时间认真思考，拟定 3～5 个标题，然后反复对比，同时征求朋友们的建议，最终敲定一个最满意的标题。

　　吸引人的标题，才能给用户一个点击的理由。对于小红书账号的运营者来说，想要打造出爆款，获得高的点击率，一个亮眼、吸睛的标题是必不可少的，也是必须学习的基本功。

一、套用七个模板，轻松写出吸睛标题

　　既然标题如此重要，那么该如何写出具有吸引力的标题呢？下面介绍几种小红书的热门标题模板，通过这些模板，可以帮助

创作者快速上手爆款标题写作。

1.痛点型标题

痛点型标题指的是直接戳中观众的痛点，也就是他们非常关心的、正在为此烦恼的问题。当标题击中了观众的痛点，就会迅速引起他们的共鸣，甚至是焦虑的情绪，进而激发起用户立马寻找解决办法的冲动，如此一来用户自然就会迫不及待地点击阅读。

标题公式：痛点＋解决方案

比如小红书某博主发布的一篇标题为《嘴笨、反应慢，请狂刷这6部综艺》的笔记，不到两个月就收获了17万个点赞、12万个收藏和400多条评论，如图2-23所示。

图2-23　某博主发布的一篇爆款笔记

这篇爆款笔记的标题就是运用痛点型标题公式来撰写的，其中"嘴笨、反应慢"是"痛点"，而"一定要狂刷这6部综艺"就是"解决方案"。用户如果正在为自己嘴笨、反应慢而烦恼，就会被这个标题吸引，并且很想要知道是哪6部综艺能够解决这个烦恼，就会点击笔记观看了。

痛点型标题的特点就是抓住用户最痛苦、最脆弱的地方，摆出困扰他们的问题并给出实用锦囊，进而驱使用户不由自主地点击标题。

以下为痛点型爆款标题示例。

● 《宝宝湿疹、红屁屁怎么办？婴儿皮肤护理攻略》

- 《痘痘反复老不好？一定要做对这三点！》
- 《梨型身材胯宽腿粗，7种显瘦裤型合集！》

2. 利益型标题

利益型标题是指在标题中凸显出巨大的利益和好处，从而吸引用户。因为人性都是逐利的，人们无法抗拒对自己有好处的事物。在标题里直接告诉用户，他可以收获什么价值和好处，会给用户带来强烈的获得感，产生"赚到了""不能错过"这一类的感觉，从而触发点击。

标题公式：具体干货 + 好处

这一公式的核心就是告诉用户，他们可以获得的具体的干货价值，同时得到什么样的好处。小红书上采用利益型公式写作的标题示例如图 2-24 所示。

笔记 1　　　　　　　　笔记 2

图2-24　采用利益型公式写作的标题示例

由图 2-24 可以看出，这两篇笔记的标题都是运用利益型标题公式来创作的。笔记 1 在标题的前半部分写道 "80 个免费技能学习课程"，这是 "具体干货"，后半部分的 "每年省下几万块"，就是 "好处"。用户阅读完标题，就感觉获得了超多资源，还省了一大笔钱，激发出用户爱 "占便宜" 的心理，所以就会很愿意点开看。

同样，笔记 2 的标题前半句 "12 个微习惯"，是 "具体干货"，后半句 "让你看起来更贵更精致"，则是 "好处"。用户读完后就会心生向往，激发出成为更贵气、更精致女生的美好愿望，也会忍不住想要点进笔记查看具体内容。

以下为利益型爆款标题示例。

- 《超强干货 | 5 个副业赚钱 App，月入过万》
- 《免费孕前检查全攻略，立省 5000+》
- 《小红书 4 个隐藏玩法！官方流量免费拿！》
- 《37 位宝藏博主，让你变美变瘦变富有》

3. 速成型标题

速成型标题很适合用于方法、经验、攻略、技能等干货分享，强调可以快速获得某项技能，从而对用户产生足够的吸引力。因为人都是好逸恶劳的，喜欢付出后马上见到回报，想要瞬间被满足。而速成型的标题恰恰强调 "省时省力"，自然具备很强的诱惑力。

标题公式：低付出 + 高回报

这一公式以简单直接的方式告诉用户，只需要花费极少的时间，或是极简单的几个步骤，就能快速获得期望的回报。相比于普通标题，速成型标题对于用户有着更强的冲击力。

举个例子，小红书上一篇标题为《每天五分钟，改善体态巨有效》的笔记和一篇标题为《体态问题分析，每天必练的几个黄金动作》的笔记，如图2-25所示。

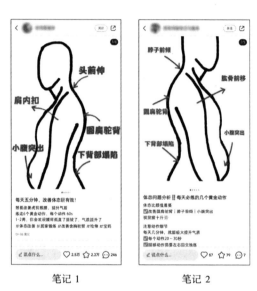

笔记1   笔记2

图2-25　两位博主创作的两篇笔记截图

笔记1发布于2023年9月8日，笔记2发布于2023年8月30日，发布时间很接近，笔记的封面风格基本一样，正文干货度都很高，而且这两位博主粉丝量相当，都在1500名左右。在粉丝数量、内容价值及发布时间都比较接近的情况下，这两篇笔记的点赞量、收藏量应该不相上下才是，但是笔记1获得的点赞量、收藏量却远远超过笔记2，这是为什么呢？

其实，如果仔细分析这两篇笔记就不难发现，问题恰恰出在笔记2的标题不够吸睛。用户在推荐页看到这篇笔记时，通过封面图并不能直接感知笔记的价值，这时就会结合标题来判断值不值得看。但是单看笔记2的标题，"每天必练的几个黄金动作"这个句子看似有料，但实则并没有传递出跟用户的关联，也没有直白地说出用户能够收获何种好处，用户感受不到足够的吸引力，自然就不会点击了。

而笔记1的标题，它运用了速成型标题的技巧，标题里的"每天五分钟"就是低付出，"改善体态巨有效"就是高回报。用户读到这个标题，就会有一种感觉："我只需要每天练五分钟，就可以拥有好看的体态了"，于是就会本能地点开笔记来看 。

以下为速成型爆款标题示例。

- 《冻龄面部刮痧法！5分钟0成本 让你年轻十岁！》
- 《3招带你消除双下巴！养成上镜显瘦高级脸》
- 《4个懒人学习法，边玩边学，躺赢学霸！》

4. 劝告型标题

劝告型标题主要是通过夸张或警告的手法，劝告用户不要做什么，从而吸引其关注内容。人类天生就是趋利避害的，会本能地躲避损失和危险，在日常生活中，当有不好的事情发生的时候，我们总会立马产生警觉、做出反应。劝告型标题正是利用我们厌恶损失的心理，把坏事放进标题里，极大地唤醒用户的恐惧感，从而使用户产生阅读兴趣。

标题公式：负面消息 + 劝告

这一公式的特点就是把丑话说在前头，先表达某种生活中存在的危机、隐患等负面消息，然后再劝告用户不要这么做。

比如小红书上一篇标题为《微信最危险的设置，一定要关闭》

的爆款笔记，收获了 3.2 万个点赞、2.7 万个收藏和 800 多条评论，如图 2-26 所示。

这篇爆款笔记的标题就是运用劝告型标题公式来撰写的，其中"微信最危险的设置"是"负面消息"，而"一定要关闭"则是"劝告"，直截了当地告诉用户有什么风险存在，应该如何做。用户看完标题后就会产生一种紧张、恐惧的感觉，进而想点击笔记继续查看。

图 2-26　小红书某篇爆款笔记截图

以下为劝告型爆款标题示例。

• 《10 个儿童危险游戏！千万别让孩子玩！》

• 《变丑警告！1 个坏习惯变丑 10 倍！求求你别做了》

• 《这些都不是真正的矿泉水！别交智商税！》

5. 对比型标题

对比型标题是指在标题中把差距很大的两样东西或者事情放在一起对比，制造出冲突和矛盾反差，从而引起用户的兴趣。

标题公式：对比＋疑问

这一公式的前半部分先设置一组强反差的对比，后半部分提出一个疑问，这样会极大地激发出用户的好奇心。图 2-27 为小红书上采用对比型公式写作的标题示例。

由图 2-27 可以看出，这两篇笔记的标题都是运用对比型标题公式来创作的。笔记 1 在标题的前半部分写道"同一件衣服妆前妆后"，这是"对比"，后半部分的"差别能有多大"，这是"疑问"。

同理，笔记2的标题提到"减肥60斤，从150斤到90斤"，这是强反差的"对比"，接着再提出"我是如何做到的"这样的疑问。用户阅读完这两个标题，都会产生强烈的好奇心，很想点开一探究竟。

笔记1　　　　　　　　笔记2

图2-27　采用对比型公式写作的标题示例

以下为对比型爆款标题示例。

- 《月薪5K和月薪5W的人，思维有什么区别？》

- 《英语从不及格到130+，我是如何做到的？》

- 《谈很多恋爱VS谈很久恋爱，究竟有什么不同？》

6. 颠覆型标题

颠覆型标题是指在标题里抛出某些颠覆用户常规认知的观点或言论，用户一看就会觉得不可思议，从而引发用户的好奇心，借此撬动他们点击的意愿。

标题公式：事实＋反常规言论

这一公式的特点是先提出一个用户熟悉的事实或场景，接着抛出一个跟大众普遍认知相悖的观点。比如，小红书某博主发布的一篇标题为《做一个不合群的女生，人生到底有多爽》的笔记，如图2-28所示。

这篇笔记的标题就是运用了颠覆认知的技巧，首先提出"做一个不合群的女生"这个场景，用户看到后就会按照常规思维思考，觉得不合群就代表着孤僻、不快乐，但标题后半句话锋一转，说道"人生到底有多爽"，用户就会觉得不可思议："不合群的人生竟然还能这么好？"于是好奇心就被调动起来了，很想看看博主是怎么写的。

图2-28 某博主发布的一篇笔记截图

以下为颠覆型爆款标题示例。

- 《24岁创业年入百万，我却抑郁了》
- 《失恋不要怕，感情渡劫原来福报多多！》
- 《孩子吃差点，反而长得高！》

7. 热点型标题

热点型标题，顾名思义，就是在标题中加入热点事件，例如节假日、明星新闻、社会新闻、热门电影等。热点自带流量，其本身就被广大用户所关注，若标题中结合了当下的热点，用户看到标题就会知道内容与热点相关，就会更愿意点击观看。

标题公式：热点词 + 干货或观点

热点型标题公式一般也分为两部分，前半部分嵌入热点词，吸引用户注意力；后半部分用干货或者独特的观点来体现内容的价值度和稀缺性。

比如小红书某博主中秋节前夕发布的一篇视频笔记，仅4天时间就收获了25万个点赞、23万个收藏以及4000多条评论，如图2-29所示。

这篇笔记之所以在这么短的时间内成为爆款，就是因为博主抓住了"中秋节"这一热点，在标题前半部分加入了"中秋夜"这一热点词，迅速吸引了更多用户的注意；同时，后半部分又告诉用户"一招教你拍出清晰又好看的超级月亮"，体现出笔记的干货价值，用户自然愿意点击观看。

图2-29 某博主发布的一篇笔记截图

以下为热点型爆款标题示例。

- 《双十一攻略！万能凑单公式，羊毛薅到爽！》

- 《2023年跨年文案，赶紧提前收藏好》

- 《〈消失的她〉里，藏了多少心理学效应？》

关于如何获取热点选题的方法，前文已经详细讲解过，在这里需要强调的是，热点的爆发性很强，但同时时效性也很强，因此蹭热点的时机尤为重要，如果一个热点已经过去了四五天，那关注的人就会很少，这时也就没有必要再蹭了。所以如果要蹭热点，一定要在爆发的阶段及时策划内容和标题。

以上就是撰写标题的七种方式，运营者多套用这些爆款标题公式，就能更快地写出吸睛的标题。但撰写标题也要做到适当、有度，切忌做虚假夸张、博人眼球的"标题党"，只有做到和主题内容贴合、真实、准确，才能保证内容的良好传播。

二、掌握四个技巧，让你的点击率暴增

使用标题模板能够提高标题的吸引力，接下来再为大家介绍4个提高点击率的技巧。

1.加数字

撰写标题时，尽可能多用数字。因为人的大脑天生对数字更加敏感，只要有数字出现，人就会第一时间捕捉到。所以当涉及时间、金钱、数量、年龄时，一定要用上数字，注意是阿拉伯数字，这样做不仅能快速吸引人眼球，而且还会让所表达的信息更加具体、直观、可感受，给用户的心理冲击也会更大。

比如"30天涨粉10000！5年运营私藏干货全公开"这个标题，"30天涨粉10000"以数字的形式，让用户立马感受到涨粉速度之快，同时"5年"也突出了作者经验的丰富程度，塑造出了更强的价值感。

再比如"赚翻了！拼夕夕低至8元的绝美高光！"这个标题，"8元"直观展示产品价格，让用户感觉到了产品的便宜程度，那么点开笔记查看的冲动就会更强烈。

如果这两个标题去掉数字，改为"快速涨粉干货全公开""拼夕夕平价绝美高光"这样的纯文字表达，标题就不够醒目和具体，吸睛程度也会被大大削弱。

在标题里加数字的时候，尽量使用精准的数字，来增加可信度，但同时也要注意，数字不能造假或者过于夸张，以免引起用户的反感。

2. 贴标签

如果内容针对某个特定人群，就可以在标题里直接给人群贴标签，好让与之相关的人群在看到这个标题的时候产生一种亲切感，从而产生共鸣，迅速被标题所吸引。

例如小红书账号"机智朱马马"，账号定位就是给"00后"和"90后"分享一些实用的生活技巧，账号发布的每一篇视频标题几乎都是同样的格式："教'00后''90后'生活之××"，直接喊话"00后"和"90后"，从而快速吸引"00后""90后"用户的注意。

以下总结了写标题时经常使用的用户标签，包括外貌标签、年龄标签、身份标签、性格标签等，如表2-2所示。

表2-2　写标题时常用的用户标签

标签类型	说　　明	标　题　示　例
外貌标签	小个子、方圆脸、单眼皮、梨型身材等	1.单眼皮女生必学！氛围感消肿眼妆 2.5个小个子穿搭技巧！万能显瘦显高法则
年龄标签	"80"/"90"/"00后"、××岁等	1."00"后失传的生活冷知识 2.18岁以下女生必看！青春期女孩变美攻略
身份标签	宝妈、学生党、上班族、创业者等	1.宝妈宝爸必看！三分钟就可以拐走一个孩子 2.超实用文具清单，学生党必备！
性格标签	社恐、唯唯诺诺的女生、懒人等	1.懒人就该这样玩手机！ 2.社恐都给我看！变社牛别太简单好吧

在标题中给用户贴标签，对部分用户的身份、年龄、外貌、性格等方面进行认同，可以让用户有一种"对号入座"的感觉，有利于运营者快速吸引想要的精准人群。

3. 抱大腿

抱大腿指的是在标题中增加权威机构、名人、专业人士等背书，借助他们的影响力和势能，来增加内容的可信度。因为人性天然崇尚和信任权威，因此运营者应该学会抱大腿，利用权威人物、事物的光环效应，引发用户的阅读兴趣。

比如《人民日报丨学霸都难以抵御的金句摘抄》这个标题，因为有了"人民日报"这一机构名称，用户立马就觉得权威感十足，很想看看笔记里的内容。如果将"人民日报"四个字去掉，虽然"学霸都难以抵御的金句摘抄"也是一个完整的标题，但是吸引力就减弱了不少。

下面为运营者介绍一些我们可以借助其影响力的权威事物类别，分别是知名人物、知名机构以及专业头衔，如表2-3所示。

表2-3　写标题时可以借势的权威事物类别

权威事物	说　明	标　题　示　例
知名人物	明星、企业家、网红等	1.罗翔老师推荐书单丨我劝你熬夜也要看完 2.鞠婧祎喝水减肥法，掉秤太快了
知名机构	人民日报、央视、清华、北大、500强企业等	1.央视力荐丨35部历史纪录片 2.3招北大清华学霸记忆法，学渣逆袭年级前十
专业头衔	领导、校长、学霸、医生、律师、专家等	1.老中医教我的排淤古方！学起来 2.贵人教授告诉我的5个道理

4. 善夸张

运营者在撰写标题时，要善用情绪夸张词汇。每个平台都有自己用户喜欢的风格，甚至有平台专属的爆款词语，而小红书上非常火爆的就是情绪夸张的词汇，比如"绝绝子""yyds""惊艳所有人"等。

不管什么选题、什么类型的笔记，多用这些情绪夸张词汇，都会让文字更具噱头和杀伤力，那么笔记就有更大的可能性爆发。下面也整理了常见的情绪夸张词汇，如表2-4所示。

表2-4　小红书常用的情绪夸张词汇

词汇类别	示　例
形容词	惊艳、神仙、宝藏、王炸、私藏、自用、天花板、万能、保姆级、隐藏、同款、神级、必火、超绝、绝绝子等
名词	神器、真相、攻略、干货、指南等
动词	吹爆、震惊、安利、逆袭、救命、沦陷了、吐血整理、狠狠提升、狂刷、读透、榨干、立省、忍不住分享、抄作业等
种草词	挖到宝了、真的要按头安利、赚翻了、杀疯了、和白捡没区别、闭眼入、按斤囤、速来pick、每个都绝绝子、一个比一个劲爆、都可以放心冲、无限回购、亲测不踩雷、回购一辈子等
感叹词	啊啊啊啊啊、天呐、yyds、原地封神、答应我××、我宣布××、这是什么神仙××、我敢说××、×××没有骗我、我不允许你不知道××、不会还有人不知道××、大数据把我推给××、破防了家人们、骂醒一个是一个、中国人不骗中国人等

以上词汇尤其适合好物种草、攻略/经验分享笔记，可以根据笔记内容适当进行添加，增加标题的情绪煽动力。

另外，创作者在撰写标题时，还需要注意以下几点。

① 标题字数不能超过20个字，控制在16～18个字之间最佳，不能太长也不能太短。太长就会超过系统字数限制，太短又难以表达内容亮点。

② 可适当增加一些符号，比如"！""｜""? ""【 】"等，以及一些 Emoji 表情，活用表情、符号可以增强标题的表现力和感情色彩，提高标题的吸引力。

③ 标题里最好不要出现生僻词、冷门词，要多用大众熟知的词，才能提高点击率。

④ 标题中多用"你"可以增强互动感和对话感，让用户觉得博主就是在对他说话。

运营者只要学习并掌握以上写标题的技巧，平时留心搜集、积累一些好的标题，多拆解多模仿多改写，这样刻意练习一段时间，很快就能提高写爆款标题的能力。

第三章

图文笔记：
没有文笔也能写出高赞图文

　　图文笔记是小红书一直以来的传统分享方式，受众广，创作门槛低，只要花点心思，很容易创作出爆文，因此，图文笔记是很多小红书博主在起步阶段首选的内容形式。本章首先讲述五种热门图文笔记类型，然后分享爆款图文笔记的特点，最后介绍爆款图文笔记的创作流程。

第一节 流量风向：五种热门图文笔记类型

在创作图文笔记的时候，运营者千万不能一上来就闷头苦写。既然想入驻小红书，那就必须事先了解小红书上哪些类型的图文笔记是比较受欢迎的，并对那些在平台上已经爆火过的内容保持敏锐的嗅觉，及时地去研究和分析它们成功背后的原因，要站在"巨人"的肩膀上总结规律，这样才能更容易做出爆款笔记。

下面总结小红书平台上比较热门的五种图文笔记类型。

一、清单类：最简单

清单类笔记，是指将大量信息进行整合盘点，最后以清单形式呈现出来的笔记。这类笔记包含巨大的信息量，能够极大地满足用户的收藏欲，从而获得较高的互动量。

在小红书上，无论是必看清单，比如"人生必看的 100 部电影""必看的 80 部纪录片""必看的 70 本书"等；还是必做清单，比如"人生必做的 100 件事""女生必须坚持的 50 个好习惯"等，都深受用户喜爱和欢迎。此外，还有文案清单、技能清单、App 清单、购物清单等，覆盖面非常广，小红书上常见的清单类笔记，如图 3-1 所示。

清单类笔记通常都是以图片为主，因为包含的清单条数较多，如果放在文字区，会显得十分冗长，所以创作者通常会把清单信息制作在多张图片上，这样通过排版可以更加利于观众阅读。

图3-1　小红书上常见的清单类笔记

不过，这类笔记对于图片的制作要求不高，只要能够清晰展示出清单信息即可，即便运营者不会制作图片，也可以用手机备忘录、Excel表格、Word文档罗列信息，再进行截图。比如，关于"备婚清单"这一主题，在小红书上就有不少笔记用备忘录、表格文档进行整理，同样也收获了很高的赞藏数据，如图3-2所示。

总的来说，清单类笔记使用范围广泛，大多数领域的博主都可以结合自身领域进行创作，而且制作简单方便，尤其适合新手，因为它并不需要运营者具备特别专业的知识储备，只需要搜集整理信息，并以清晰明了的形式呈现出来，好让用户一目了然，就很容易获得很高的点赞和收藏量。

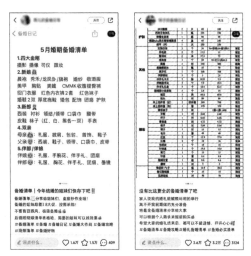

图3-2　两篇以"备婚清单"为主题的笔记

二、干货类：最高赞

干货类笔记，主要是指能够让用户看完后收获到某项技能的笔记，包含各个领域的教程、攻略、方法、技巧等实用经验分享，比如旅行攻略、美妆教程、美食教程、手工教程、育儿方法、沟通技巧等。

这类笔记需要博主针对用户的实际需求或痛点，结合自身的知识和经验，把解决问题的方法整理、归纳成通俗易懂的内容，而这些内容通常是很多人所需要的。因为现在越来越多人喜欢在小红书上做功课、学技能，而干货类笔记恰恰能够让他们在碎片化的时间里有所收获，满足他们的需求，所以深受用户的喜爱。图3-3为小红书上常见的干货类笔记。

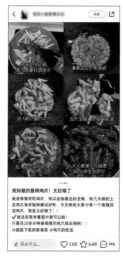

图3-3 小红书上常见的干货类笔记

相比于其他类型的笔记，这类笔记有两个明显的特点，分别是实用性和操作性。

实用性，指的是笔记能够有效地解决某个问题，最好包含解决问题的过程中会涉及的各个环节，尽可能从多个维度去总结经验，每个维度都要清晰明了，并详尽描述具体操作过程以及对应的注意事项，这样一来就可以大大提高笔记的价值和吸引力。

比如，小红书上一篇标题为《健身房女生新手攻略丨不请私教》的攻略笔记，获得了6.5万个点赞，5.9万个收藏，如图3-4所示。这篇笔记之所以受到用户欢迎，是因为它围绕装备清单、训练内容建议、训练频率建议、一周训练计划、健身房常用器械科普这五个维度去总结，涵盖了去健身房健身过程中会涉及的方方面面，具有极强的实用性，用户看到后会产生一种"看这一篇就够了"的心理，因此愿意进行点赞、收藏、转发等互动行为。

图3-4　某博主发布的标题为《健身房女生新手攻略｜不请私教》的笔记

操作性，指的是笔记不能讲一些假大空的概念，而是能够分解做事的"步骤"或者"流程"，利用图片标注或者文字说明，来具体展现每个步骤应该如何操作，让用户看完后，能够按照笔记的指引一步步进行学习和操作，从而掌握这项技能。

举个例子，某位用户希望在小红书上学习川菜"麻辣鱼"的做法，那么就会搜索关于"麻辣鱼教程"这个主题的笔记。如果某个教程笔记能够把制作麻辣鱼的整个过程，按照步骤一步步讲解，像说明书一样细致，用户就会觉得非常实用，从而收藏这篇笔记照着学。反之，如果某篇教程讲得很笼统，不具体，用户看完后还是不会做这道菜，没有获得感，那么就不会给这篇笔记点赞收藏，更不会关注该博主。

在这个时间越来越碎片化的时代，用户更倾向于那些操作性强、拿来即用的内容。如果干货类笔记的内容不细致，不能轻松套用，大多数用户是不愿意接受的。

因此，运营者在创作干货类笔记时，要格外注意笔记是不是具备较强的实用性，能不能让用户轻松地照做执行，如果不能被轻松地理解、复制，那么说明该笔记还需要再仔细打磨。

三、故事类：最吸粉

故事类笔记，顾名思义，就是指围绕自己的人生故事和经历来输出感悟、心得的笔记，这类笔记给用户最大的价值，就是让他们感受到正能量，同时也从分享者的身上学到东西。

小红书上一篇标题为"写作13年，上天是如何狠狠奖励我的"的笔记，如图3-5所示，博主讲述了自己坚持写作13年，靠写作改变人生，过上梦想中的生活的经历，引起了许多用户的关注。不少用户在评论区留言表达对博主的敬佩，也被博主的努力深深感染。

图3-5　某博主发布的一篇故事类笔记

如果创作者本身拥有丰富的人生经历，那么就非常适合创作故事类笔记，因为真实而励志的故事，最能够激发用户深层的共鸣。

在这个女性崛起的时代，越来越多的女生都希望凭借着自己的努力变得更美、更富有、更优秀以及更强大。因此在小红书上，关于逆袭、自律、奋斗方面的故事特别受用户喜爱，不论是外貌上的逆袭，还是个人的成长改变，都传递着一种正能量。同时，故事类笔记还可以体现出博主真实的人设，让用户对博主这个人产生崇拜和向往的感觉，从而选择关注，所以故事类笔记转粉效果很好。

需要注意的是，创作故事类笔记的时候，不能写成日常生活的流水账，而是要围绕自己的经历和故事输出一些感悟、经验，让用户从中能学到东西。

四、种草类：最吸金

种草类笔记，是指通过分享自己的购物心得、使用体验、产品的吸睛亮点等，从而激发用户的"购买欲"，成功实现"种草"，包括好物推荐、产品测评、好物开箱等。

比如，小红书上一篇标题为《啊！我的克莱因蓝水杯也太适合夏天了》的种草笔记，运营者用直接简单的口吻，向用户推荐了一款水杯，通过高颜值的图片和夸张的文字，成功吸引了用户的关注，获得了4.1万个点赞，以及700多条评论。其中，不少用户在评论区询问价格，或者求购买链接，其种草效果十分明显，如图3-6所示。

这类种草笔记之所以如此受欢迎，原因很简单，因为在当下这个信息发达、产品过剩的时代，人们的选择越来越多样化，但是时间和精力却越来越碎片化。在时间和精力都不够用的情况下，许多人在购物之前，常常会先在小红书上搜索相关的笔记，希望获得一些实质性的建议，从而帮助自己用更少的时间、更少的钱，做出更优的购物决策。

图3-6　某博主发布的一篇种草类笔记

在小红书的种草笔记中，照片占据的比重是非常大的。因为一张好的照片，可以让人一眼就看出商品的外观、细节、特点等，更容易让人产生购买欲望。因此运营者在制作种草笔记时，最好是采用图文并茂的形式，这样就可以大大提升笔记的吸引力。

五、美图类：最吸睛

美图类笔记，就是指靠高颜值的图片传递内容的笔记。这类笔记最大的作用，是让用户获得视觉享受，或者通过图片获得一些信息价值，尤其适合穿搭、摄影、绘画、饰品、家居、美学设计等以视觉表达为主的领域。

有句话叫作"美就是生产力"，这一点在小红书上表现得尤其明显，许多博主通过发布照片，展示自己的日常穿搭、绘画作品、饰品等，只要图片好看、吸睛，即使没有配过多的文字，都能获得很高的互动量。图 3-7 为小红书上常见的美图类笔记。

图3-7　小红书上常见的美图类笔记

因此，如果运营者是从事视觉表达为主的领域，那就可以充分发挥出自己在图片方面的优势，生产高颜值的美图发布在小红书，这样一来就能轻松获得流量红利。

当然，运营者想要在小红书快速打造出爆款图文笔记，除了熟悉热门的图文笔记类型之外，还需要了解爆款图文笔记的特点。因为每个平台的调性不同，内容特色也大不相同，小红书也不例外，只有充分掌握小红书爆款图文的特点，才能在创作时有的放矢，更加高效地做出爆款。总结起来，小红书爆款图文主要有两个特征：简洁干脆和信息量大。

首先是简洁干脆。如果用一棵树来比喻一篇文章，树干是内容框架，那么树叶就是各种细节。我们平时在公众号、知乎等平台看到的长文章，动辄几千上万字，它们都属枝繁叶茂，包含了大量的论证分析和案例佐证；相比之下，小红书的文章就精简许多，它不需要繁冗的树叶，只需要树干，适合短平快的碎片化阅读。如果图文的篇幅太长，内容太多，用户就会失去耐心，不愿意阅读。所以，运营者创作小红书图文笔记时，文字一定要简洁，表述要精炼，避免大段的铺垫描写，只留下最核心的干货即可。

其次是信息量大。小红书的用户酷爱收藏知识，因此信息量越多的笔记，越容易满足用户的收藏欲，因为他觉得一次性消化不完这么多内容，就想收藏起来以后再看，而一旦收藏的人多了，笔记就容易火起来。因此运营者在创作图文笔记时，要尽可能增加笔记的信息量，一是多做清单类、干货类等信息量丰富的笔记；二是多做合集，例如种草好物时，相比于只种草一个单品，把多个好物整合成合集进行种草，用户会感觉信息量更大，笔记也就更容易成为爆款。

以上就是当前小红书平台上比较热门的五种图文笔记类型，运营者在进行内容创作时可以首选这几种类型，提高在起号阶段做出爆款的概率。不过，无论创作哪种类型的笔记，最重要的是输出的内容要有价值，要让用户看过之后觉得有收获，这样的笔记才能算是优质的笔记，才有成为爆款的可能。

第二节　创作技巧：爆款图文笔记创作流程

想要创作一篇优质的图文笔记，一般分为三步：首先是撰写文案，确保逻辑清晰，语言流畅；其次对内容进行精心排版，保证阅读起来较为舒适；最后是制作美观的配图。

一、两个文案结构，让写作一气呵成

图文笔记的文案应该如何写呢？最重要的一项工作就是确定好文案的结构。文案结构就像一所房子的框架，只有把框架搭建好了，才能进行后续的添砖加瓦。

接下来分享两个最常用的文案模板，以便帮助运营者更好地进行图文笔记创作。

1. 罗列式模板

罗列式模板，是最万能的一个写作模板，分为三个部分。

（1）开头：点明主题，突出笔记带来的价值和收获。

（2）中间：分点罗列信息或者干货。

（3）结尾：金句升华，或是引导互动。

某小红书博主创作的一篇向用户介绍"20个品茶术语"的笔记，如图3-8所示，下面以这篇笔记为例来分析罗列式模板在笔记中的运用。

这篇笔记的内容大致分为三部分。开头部分是开门见山点明主题，突出了本篇笔记主要要讲的内容；中间部分是本文的核心部分，为用户详细罗列出了20个品茶术语，并解释了每一个术语的含义；结尾部分，采用了固定的结束语，简明扼要地说明了自己是谁，将会提供什么价值，为什么值得关注，从而提升了用户对其的关注度。

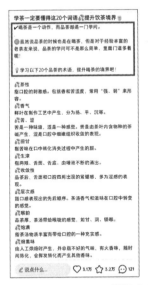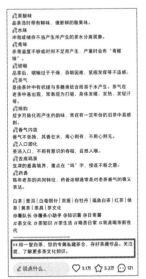

图3-8 某博主发布的一篇笔记

罗列式模板适用性非常广，除了这种清单类笔记可以使用外，干货类笔记、故事类笔记和多个产品种草的笔记都可以灵活使用。

举一个例子，比如某运营者想分享做某件事的教程，那么就可以在开头引入主题，调动用户的兴趣；然后在中间部分罗列出做这件事的具体步骤，分为步骤一、步骤二、步骤三……进行详细讲解；最后在结尾部分再次点明主题，引导大家进行互动，进而带动笔记的互动量。

同理，当运营者想分享多个好物给大家时，可以在开头引入主题，吸引观众的注意；然后在中间部分罗列出要推荐的好物，按照好物一、好物二、好物三……逐一进行介绍；最后在结尾部分号召大家行动，像这样一条笔记就能给用户提供很有用的信息参考。

用罗列式模板的优势在于操作简单，运营者只需要介绍清楚自己的目的，列出相关分支内容即可，不需要任何文采，对于新手来说很容易上手。

运营者按照这个模板写文案时，可以给每个部分加上小标题，以给人一种逻辑清晰、层次分明的感觉，这样不仅能让用户快速理解笔记内容结构，而且能够一眼识别到重点。

2. 种草式模板

种草式模板，适合种草单个产品的时候使用，模板分为三个部分。

（1）我和单品的故事：从自己的经历切入，讲述自己遇到了什么问题和困扰，为什么会使用这个产品，使用之后这个问题就解决了。

（2）产品亮点：精准地描述产品是怎么解决问题的，有哪些优势，介绍使用心得、注意事项、适用人群等。

（3）个人感受：抒发自己的感受，号召大家购买或者体验。

为某小红书博主创作的一篇向用户种草某款奶粉的笔记，如图 3-9 所示，下面以这篇笔记为例来分析种草式模板在笔记中的运用。

这篇笔记的内容分为三部分。第一部分从自己的经历切入，讲述自己熬夜加班多，睡不好觉，喝了这款奶粉感觉很管用；第二部分向用户介绍了奶粉的亮点，从奶粉的成分配料、气味、质地、味道等方面分享了自己的使用体验，还突出了"0 蔗糖"这个特色；第三部分再次表达自己对产品的喜爱，并推荐大家去体验该产品。

种草式模板非常适合希望在小红书上进行好物分享的博主，

比如给用户种草一本好书、种草一款零食、种草一个育儿神器等，都可以用这个模板进行创作。

在小红书上种草时，最大的忌讳就是冷冰冰地打广告，这样不仅用户不会"买单"，也容易被平台判为营销行为，从而限流。但运营者如果使用这个模板去创作内容，不仅有真实的人设，而且分享的体验也会更加具体、真诚，而不是生硬的广告，这样一来也能收获到更多的流量。

对于运营者来说，无论写哪种类型的笔记，都能够在这两个写作模板中任选一个来套用，帮助自己迅速梳理出写作思路，至于具体的内容，可以根据自己的实际情况进行发挥。

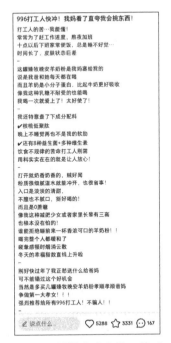

图3-9 某博主发布的一篇以"奶粉种草"为主题的笔记

在写作的时候，运营者还需要注意以下两点，如表3-1所示。

表3-1 小红书图文写作的注意事项

注意事项	说　　明
字数	小红书平台对笔记字数有限制，每篇笔记不能超过1000字。所以运营者在写作时千万不要长篇大论，要注意简明扼要，学会用最少的语言表达更丰富的内容。一篇笔记的字数最好控制在500～800字，内容要充实、饱满，但不能冗长。如果内容的确太多，可以利用图片来补充
风格	语言风格切忌太正式，要口语化，像是和闺蜜、朋友聊天一样的口吻，亲切感强、接地气的表述风格会更受用户的喜爱

二、三个排版要点，让笔记赏心悦目

不管在哪一个平台发布作品，都需要注重排版，小红书也不例外。清晰、直观的排版，可以让笔记看起来更加赏心悦目，能在很大程度上缓解用户阅读时的视觉疲劳，让观众愿意继续往下看，从而提高笔记的完读率，进而提升互动量。

举例来说，下面是小红书上两篇同以育儿经验为主题的笔记，但在排版上的差异非常大，如图 3-10 所示。对于观众而言，哪一篇阅读起来更为舒适呢？

笔记 1　　　　　　　　　　笔记 2

图3-10　小红书上两位博主发布的笔记

毫无疑问，笔记 2 更容易让人产生阅读兴趣。因为笔记 1 的文字过于密集，阅读起来十分吃力。而笔记 2 的排版清爽，视觉体验更舒适，用户也能迅速找到自己想要查看的重点信息。

要知道，就算是一篇内容很好的笔记，如果没有好看的排版，一样会流失很多的用户。因此，运营者除了保证文案内容优质之外，还需要在排版上面下功夫。尤其是小红书，因为系统没有完善的排版功能，例如字体加粗、换字体颜色等这些常见排版方法在小红书都无法实现。所以，想要排版漂亮舒服，就需要掌握一些美化技巧。

这里整理了几个运营者在排版时需要注意的要点。

1. 分段加入空行，增强层次感

分段加入空行，对于提高笔记的层次感和美观度有非常大的帮助。没有人喜欢读密密麻麻的文字，适当地分段，再加入空行，就可以把文案分割成一块块，从而显得结构清晰，视觉上也更加舒服。

某位博主发布的一篇小红书笔记，如图 3-11 所示，虽然笔记的字数较多，但是博主对文字进行了分段，并在段落之间插入了空行，这样一来整篇文案就显得简洁利落。

加入空行的方法很简单，在笔记编辑框内输入完一段文字后，在文字末尾输入两次回车，会出现一个空行，然后在空行处，放上符号"·"或者"–"，就能让排版更加统一，富有层次感。

2. 控制段落行数，增强清爽感

除了分段之外，运营者还要注意控

图3-11 某位博主发布的
笔记

制每个段落的行数，以便让排版看起来更加清爽。

一般说来，一段文字如果超过5行，用户阅读起来就会产生疲劳的感觉。因此，运营者在输入的时候，可以注意将每段的字数控制在70～100字，这样显示出来就是3～5行，用户阅读时的体验感就会更好。

3. 多用表情符号，增强新鲜感

小红书是一个偏女性化、年轻化的平台，用户喜欢有美感、生动化的内容。因此运营者可以在编辑文案的过程中，适当使用一些可爱的表情符号，给单调枯燥的黑白文字带来一些色彩，让整个版面看起来更加生动活泼，有新鲜感，从而增加用户的阅读兴趣。

那么如何添加表情符号呢？我们在输入正文内容的时候，在键盘上方有一个表情按钮，点击进去就能看到有很多"小红薯表情"图标，如图3-12所示。

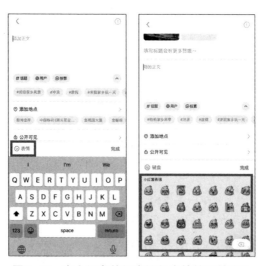

图3-12 在小红书笔记中添加表情符号的方法

除了系统自带的表情符号外，运营者还可以使用手机输入法中自带的 Emoji 系列表情图标。小红书博主使用比较多的表情图标，一般有爱心、星星、手指、数字序号等，运营者可以根据自己的需要进行选择。

如果运营者需要对一些重点信息进行强调，还可以添加"红色感叹号""黄色三角警示牌""绿色勾"等提示性作用较强的图标，便于让用户快速抓住重点信息。

当然，表情图标只是用来辅助的，并不是越多越好，如果用得太多，会导致版面太花哨、凌乱，反而让人觉得眼花缭乱，抓不住重点，因此运营者需要注意适度使用。

三、三个图片模板，做出高颜值配图

小红书倡导"颜值主义"，除了优质的文案之外，内页图也是决定图文笔记流量的关键，通常在笔记中设置 2 ～ 5 张内页图，会增加笔记的价值感。

虽然小红书上各类笔记的内页图五花八门，但是总结其中的规律，大致可以分为三种类型，分别是简单实拍图＋字、纯色背景图＋字、氛围感美图＋字，接下来为大家一一介绍。

1. 简单实拍图＋字

简单实拍图＋字很好理解，就是直接使用自己拍摄的照片，辅以简短的文字作为补充说明。这一类型的内页图通常应用在种草类笔记当中，来展示产品外观或使用场景。

小红书上比较常见的以"简单实拍图＋字"作为内页图的笔记，如图 3-13 所示。

图3-13　以"简单实拍图+字"作为内页图的示例

这一类型的图片在创作时难度不大，只需要运营者简单地拍摄一张清晰的、主题突出的照片，然后利用醒图、黄油相机等修图软件，在图片上添加少量文字即可。

这里以醒图 App 为例，演示如何在图片上添加文字，如图 3-14 所示。

进入醒图 App，点击"导入"，从相册里选择一张图片导入，然后在下方菜单栏选择"文字"，就会看到"文字模板"中有许多样式可以套用，选择喜欢的字体模板，就可以添加自己需要的文字了。当然也可以通过"字体""样式"等功能自行设置文字格式。

2.纯色背景图 + 字

如果笔记包含较多文字内容，字数超过 1000 字，无法在文案区全部展现，那么就可以使用"纯色背景图 + 字"的形式，把文字信息都制作在纯色图片上。纯色图片比较清爽，不会喧宾夺主，更能凸显文字，同时也能体现出博主专业和稳重的人设。

图3-14　在醒图App中为图片添加文字的方法

小红书上比较常见的以"纯色背景图＋字"作为内页图的笔记，如图 3-15 所示。

图3-15　以"纯色背景图+字"作为内页图的示例

这类图片创作起来也较为简单，同样利用醒图、黄油相机就可以制作。在软件中导入一张纯色背景图片，然后利用"添加文字"的功能，将文字添加上去即可。

不过由于文字较多，在制作的时候要注意几点：一是做好排版，避免大段文字堆叠，调整好文字的行距，段落之间增加空行，保持界面的清爽；二是区分字体格式，如果有小标题或者需要重点突出的文字，可以采用加粗、加大字号等方式来进行区分，便于用户抓取重点；三是注意字体颜色，一般情况下，深色底图使用浅色字，浅色底图则使用深色字，颜色有强烈对比，字体显示才更清晰。同时，建议字体尽量使用黑、白、蓝等基础色，少用花里胡哨、夸张绚丽的颜色。

如果运营者希望版式更有设计美感，可以使用稿定设计这个软件来制作，因为它包含海量的素材模板，用户可以一键套用模板，轻松出图。

进入手机 App 后，在搜索栏搜索"小红书"，进入小红书专区，在中间菜单栏选择"内页配图"，再根据频道（穿搭、美妆等）、用途（好物评测、攻略指南等）、风格（实景、科技等）、版式（横版、竖版等）、热度（综合排序、最新、最热）筛选出想要的模板，如图 3-16 所示。

进入所选模板后，界面下方有尺寸、加图、文字、圈点、贴纸等功能，可根据自己需求对图片进行编辑加工。点击图片上的元素，还可以进行裁剪、移动、抠图等操作，点击文本框，可以修改文字内容，这样就能轻松完成一张有设计感的内页图。

图3-16　稿定设计App小红书专区界面及内页模板

3. 氛围感美图 + 字

"氛围感美图 + 字"的内页图形式，在小红书也非常受欢迎，这种形式图文并茂，既能展现丰富的文字内容，又有美图加持，体现出博主精致、审美高的人设。许多爆款图文笔记都是采用此类型的内页图。

小红书上比较常见的以"氛围感美图 + 字"作为内页图的笔记，如图 3-17 所示。

观察这类图片，不难发现它们具有三个明显的规律，一是拼图为主，一般是将两张图片上下拼接在一起；二是图片色系较暗，这主要是为了凸显图片上的字，让用户看起来不费力，所以一般会利用修图软件把图片调暗；三是图片的文案字体很好看，赏心悦目的字体增加了美感，能引发用户的阅读兴趣。

图3-17　以"氛围感美图+字"作为内页图的示例

围绕这几点规律，我们也可以总结出这类图片的制作步骤，主要分为三步。

首先是准备图片。运营者需要找到若干张有氛围感的美图，可以在网络进行搜索，也可以自行拍摄。准备好图片之后，使用修图软件中的"拼图"功能进行拼图。

这里以"醒图"App为例，演示拼图操作，如图3-18所示。点击"拼图"，从相册里选择想要拼接的图片，选择3∶4的比例，再选择上下拼接的模板样式，点击右上角的保存，图片就拼接完成了。

其次是调色。这里推荐大家使用添加滤镜的方式来让图片变暗，如图3-19所示，在下方菜单栏中选择"滤镜"，然后选择"质感"，颜色选择"灰调"，把滤镜强度设置为50～70之间，具体根据图片实际情况来调整。

图3-18　用醒图App拼图的方法

图3-19　用醒图App添加滤镜的方法

最后一步是加字。这里推荐大家使用"黄油相机"App，因为它里面的花字样式非常丰富，同时符合小红书的风格，是许多小红书博主都在用的加字神器。

具体的操作步骤如下：打开黄油相机 App，点击"导入图片"，即可进入图片操作界面。导入图片后，选择下方菜单栏中的"加字"，点击"花字"，就会看到非常多花字样式，根据自己的喜好选择合适的花字，把文字编辑进去即可完成，如图 3-20 所示。

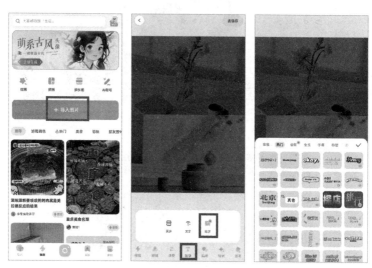

图3-20　用黄油相机App添加文字的方法

这里也给大家推荐几种小红书上最火爆的内页图花字样式，如图 3-21 所示。

图3-21　黄油相机中比较热门的花字

最后需要提醒运营者的是，在制作图片时，不能闭门造车，需要多看多学。建议运营者平时浏览小红书时，关注优秀的图文笔记配图，及时保存喜欢的图片，多多观察，记录制图灵感。也可以用喜欢的图片作为模板，参照着进行图片制作的练习，在模仿中积累经验，逐渐内化为自己的制图风格。

　　以上就是打造小红书图文笔记的具体步骤。运营者在创作笔记时可以直接套用这些方法，并结合自己账号的定位和具体情况灵活运用。

第四章

视频笔记：
手把手教你做出优质视频

视频笔记是小红书近几年来大力推广的内容形式，相较于图文笔记，视频笔记在小红书上的曝光量更多。同时，视频笔记更具真实性和互动性，更容易打造个人IP，以及获得品牌投放方的青睐。从长远角度考虑，视频内容更值得运营者深入创作。

初识视频：两大基础，快速入门视频笔记

许多新手运营者虽然经常浏览小红书上的视频内容，但对于这类笔记的创作方法却没有系统的认识。因此，本节首先会为大家介绍视频笔记的两种形式，接着介绍制作一条视频的流程，帮助运营者对视频笔记的创作建立初步的认知。

一、视频类型：视频笔记的两种形式

在小红书上，视频笔记虽然五花八门，但总结起来，视频笔记的形式主要可以分为两大类，分别是真人口播和 Vlog。

1. 真人口播

真人口播是目前最常见的一种视频形式，主要是指博主本人坐在镜头前，对着屏幕讲话、播报信息，不涉及其他画面和拍摄元素。小红书上常见的真人口播视频截图，如图 4-1 所示。

真人口播类视频的好处显而易见，一方面是给人更真实、更亲切的观感，便于拉近和观众的距离，还能够充分展示出博主的动作、表情、语言和个性，建立起鲜明的个人 IP 形象，让用户记忆深刻。另一方面，真人口播类视频制作效率较高，因为只需要博主对着镜头拍摄就可完成，操作简单。一位成熟的真人口播博主，录制并剪辑完成一条简单的口播视频，只需要 1～2 小时。

图4-1 小红书上常见的真人口播类视频截图

不过，这类视频也存在一定的劣势，最主要的就是场景简单、画面单调，在一定程度上容易使观众产生视觉疲劳，因此此类视频对于文案内容的吸引力、博主的镜头表现力等方面要求较高。

总体而言，真人口播类视频操作简单、拍摄效率高，所耗费的人力成本和时间成本低。适合真人口播的账号类型有各领域个人IP，包括知识分享类、情感类等。

2.Vlog

Vlog也是当前十分受欢迎的一种视频形式，它是集画面、文字和音频于一体，能够展示日常生活的小型"纪录片"。对于很多年轻人来说，Vlog已经逐渐成为他们记录日常、表达个性最为主要的方式之一。小红书上常见的Vlog视频截图，如图4-2所示。

图4-2　小红书上常见的Vlog视频截图

Vlog可记录的内容非常多，包含日常生活中的方方面面。归纳起来，小红书上比较火爆的Vlog类型主要有以下四类，如表4-1所示。

表4-1　小红书上比较热门的Vlog类型

身　份	内 容 方 向
自律励志类	学习、健身、工作、创业等励志场景
过程制作类	制作美食、制作手工、画画等
生活日常类	吃饭、休息、宅家等日常生活场景
好物种草类	好物开箱展示、好物分享及测评

例如，小红书博主"晚安阿紫"发布的生活日常类Vlog，都是以"独居生活"为主题，记录自己的日常片段，包括起床、洗漱、做饭、吃饭、养猫……镜头视角丰富，节奏轻快流畅，让观众有身临其境的感觉，因此账号受到用户的广泛喜爱和关注，吸引了116万粉丝，获赞与收藏近600万次，成了Vlog博主中的佼佼者。

Vlog 视频的优点十分明显，因为增加了许多外景画面，相比于真人口播，画面更为丰富，能够不断给用户带来新鲜感，视频完播率较高；同时，粉丝可以直接看到博主的生活日常，更容易与博主建立情感链接，因此粉丝的黏性更强，他们也会更愿意参与账号的互动。

在变现方面，Vlog 也具有天然的优势，因为是以记录生活为主题，所以每一幅画面都是真实的生活场景，自带广告位，容易吸引到品牌方的推广合作，变现前景非常广阔。需要注意的是，Vlog 视频看似是记录生活琐碎，但拍摄时要注意围绕特定的主题，主次分明，不能拍成流水账。

以上就是两种常见的小红书视频笔记类型。不同的视频形式会给用户带来不一样的观看体验，运营者需要结合账号的定位、自身优势等情况综合考虑，选择最适合自己的视频形式。

二、制作流程：创作视频的四大步骤

视频笔记的制作流程包含定选题、写文案、拍摄、剪辑这四个环节，如图 4-3 所示。

图4-3　视频笔记的制作流程

第一步：定选题

很多人一提到做视频，第一时间就去研究拍摄和剪辑。但经常创作视频的老手都知道，选题才是一条视频的灵魂。不论做何种形式的视频，选题都是重中之重。一定要寻找用户关心的选题，切勿自嗨。只要选题切入点不差，大概率能保证视频获得不错的数据表现。

第二步：写文案

写文案，指的是把这条视频想要表达的内容提前写下来，比如把口播的逐字稿写出来，拍摄的时候就可以照着稿子录制，而不是临场发挥。同样，拍摄 Vlog 视频之前，也要先写出大致的文案，后续的拍摄就可以围绕文案进行设计，这样才能大幅度提升效率，而且更容易强化文案与视频画面的紧密性，不会出现"文不对题"的情况。

关于视频文案的字数，建议控制在 300 ～ 800 字，这样视频的时长会在 1 ～ 3 分钟，是较为合适的。

第三步：拍摄

准备好文案之后，就可以正式开始拍摄了，如果是新手，不用一上来就砸钱买太多设备，尽可能轻装上阵，只需要一部手机就可以开始了。

在拍摄的时候，特别要注意光线，避免拍摄出来的画面阴暗不好看；拍摄的画面要么全部横屏，要么全部竖屏，以方便后期剪辑制作。此外，拍摄的时候，要秉持"宁愿多拍也不要少拍"的原则，尽可能多地拍摄画面镜头，防止后期素材不够用。

第四步：剪辑

如果把制作视频这件事比喻成做饭，那么拍摄就是切菜的环节，而剪辑就是把菜下锅的过程。只有通过下锅翻炒，才能做出一盘可口的美食。同样，拍摄出来的视频素材，通过剪辑串联成一个有主题的完整视频，再通过添加音乐、特效、字幕等方式对视频进行美化和包装，最终形成一个丰富而生动的作品。

　　以上就是制作视频的四个基本步骤。在前文中已经介绍过如何找到好的选题，接下来，笔者将围绕"写文案""拍摄""剪辑"这几个关键点，详细进行讲解，并介绍一些切实可行的小技巧，帮助运营者打造出属于自己的爆款视频。

第二节　视频文案：爆款短视频的灵魂

　　高质量的内容文案，就是视频的"灵魂"，不管是拍知识类、情感类还是其他类的视频，通俗易懂又富有感染力的文案，才是引发传播和互动的关键因素。

　　但对于很多创作者来说，视频文案写作是一个老大难问题，要么文字逻辑混乱，令人费解；要么语言太平淡，毫无吸引力。究其根本，其实是没有系统掌握文案写作的章法和套路。本节分别从文案结构、吸睛开头、精彩结尾、修改润色四个方面，详细讲解那些爆款视频的文案是怎么炼成的。

一、结构：三个拿来即用的文案结构

　　视频文案的核心在于结构，如果没有清晰的逻辑框架，哪怕文案写得再有文采，用户也会看得云里雾里，不知道博主想表达

什么，继而选择离开。因此在撰写文案的时候，运营者一定要先搭建出清晰的文案结构，再根据结构补充内容和细节。

对于新手运营者来说，前期不需要去创新，先把常规的爆款文案结构掌握熟练就足够了。这里为大家总结了小红书爆款视频的三种文案结构，简单实用，方便运营者快速上手。

1. 解决问题类

解决问题类视频，主要是帮助用户解决实际生活中的某类问题或困惑，教会他一样技能，或者做某件事的方法，给用户实实在在的收获。

解决问题类的文案结构分为四部分：

第一步：描述痛苦状态

在视频开头直接描述用户的痛苦状态，也就是用户十分苦恼但又解决不了的问题。比如工资低、胖、拖延症、自卑、社恐等。在开头直击用户内心最敏感的地方，就会迅速抓住用户眼球，此举也最容易让用户动容，从而选择继续看下去。

描述痛苦状态时，要简短有力，直击要害，切记不可啰唆，不痛不痒。

第二步：低行动成本 + 理想效果

围绕用户的问题，告诉他们只要付出很低的行动成本（时间、精力、金钱等），就可以使他脱离痛苦状态，达到理想的效果。比如"只需三步，新手也可以学会画眼妆"这句话，"三步"就是低行动成本，"新手也可以学会画眼妆"就是理想的效果。

使用"低行动成本 + 理想效果"的表述，会给用户一种"简单实用"的感觉，建立用户对后续内容的期待。

第三步：解决方案罗列

将解决问题的方案结构化地罗列出来，可以是"方法一、二、三"，也可以是"步骤一、二、三"，内容要干货满满，同时简单好操作，以便有效地解决用户问题。

第四步：引导互动

互动量正是决定作品是否能击破流量池、成为爆款的关键因素。因此结尾处增加与用户之间的互动，引导大家点赞、收藏、关注和评论，不仅有利于增强账号热度，提高播放量，还能拉近和用户之间的距离。

下面将解决问题类的文案结构用表格方式呈现，帮助大家更加清晰地理解。如表 4-2 所示。

表4-2　解决问题类的视频文案结构

序号	要　　点	说　　明
1	描述痛苦状态	描绘用户的痛苦状态，迅速抓住眼球
2	低行动成本+理想效果	告诉用户只需要付出极少的行动成本，就可以解决痛苦，达到理想状态
3	解决方案罗列	提供解决方案，按照要点或者步骤详细介绍
4	引导互动	结尾点题，呼吁行动或引导互动

接下来我们拆解一个爆款视频案例，帮助大家进一步理解这种文案结构的实际运用。

小红书上一篇标题为"3 招懒人学习法，边玩边学，躺赢学霸"的视频，获得了 2.6 万个点赞，4.9 万个收藏。我们通过拆解这条爆款视频文案，不难发现它正是运用解决问题类文案结构来进行撰写的，如表 4-3 所示。

表4-3　小红书某篇视频笔记的文案拆解

序号	要　点	说　明
1	描述痛苦状态	为什么他追剧、追星、睡懒觉一样没有落下，考试还是次次第一，而你每天上课认真记笔记，认真熬夜复习，却还是成绩倒数，回家挨训
2	低行动成本+理想效果	学习成绩不好，那是因为你不够懒。学会这三招懒人学习法，让你彻底和学渣说拜拜
3	解决方案罗列	一、狮子记忆法。当你轻微饥饿、走动或者微冷的时候，大脑会比平时更活跃，这时候是人体记忆的黄金时期，背书、记忆和学习效率都是最高的，所以大家可以在饭前和散步的时候学习。 二、听歌学习法。边听歌边写作业就能逆袭学霸，这本学霸歌单赶紧收藏，听由考点知识编成的歌曲，学习变得就像记歌词一样简单，在音乐软件直接搜索关键词，吃饭睡觉走路听一听，轻轻松松逆袭学霸。 三、便利贴记忆法。把记不住或者容易出错的知识点写在便利贴上，贴在桌子、床边、手机壳上，睡前多看几眼，可以记得更快更牢固
4	引导互动	还有这份学霸作息表，赶紧截图收藏保存，下一个学霸就是你

2. 盘点推荐类

盘点推荐类视频，就是对信息、资源进行盘点整合，并向用户进行推荐，这类视频能够帮助用户获取较多的信息，因此也很容易成为爆款。

小红书上比较热门的盘点内容如表 4-4 所示，运营者可以选择合适的主题进行创作。

盘点推荐类文案结构分为三部分：

第一步：推荐理由

开门见山，用简单的 1～2 句话说明推荐内容的价值所在，强调用户看完视频后将会获得的利益和好处，激发他们继续看下去的欲望。

表4-4　小红书上比较热门的盘点内容

盘点方向	具 体 内 容
盘点资源	电影、纪录片、TED演讲、综艺、歌曲、书籍、App、网站等
盘点好物	护肤品、宿舍好物、居家好物、办公室好物等
盘点句子	金句、祝福词、文案、情感语录等
盘点认知	思维、道理、观点、底层逻辑等

第二步：推荐元素罗列

通常情况下，这类视频会罗列3～10个推荐元素，依次进行介绍，并逐一讲解它们的亮点、特色，以及为什么值得推荐。介绍的时候，注意语言简练，提炼出每个推荐元素最吸引人的优势，不需要面面俱到。

第三步：引导互动

结尾点题，呼吁行动或引导互动。

按照以上三个步骤来撰写文案，就会写出极具吸引力的盘点推荐类文案。下面将文案结构用表格方式呈现，帮助大家更加清晰地理解。如表4-5所示。

表4-5　盘点推荐类的视频文案结构

序号	要　　点	说　　明
1	推荐理由	说明推荐内容的价值，突出其带来的好处
2	推荐元素罗列	3～10个推荐元素，依次介绍其亮点
3	引导互动	结尾点题，呼吁行动或引导互动

比如，小红书上一篇标题为"央视为学生们拍的7部神级纪录片"的视频，就是一条典型的盘点推荐类视频，它为用户盘点并推荐了7部纪录片，获得了17万个点赞，11万个收藏。我们对这条爆款视频文案进行拆解，如表4-6所示。

表4-6　小红书某篇视频笔记的文案拆解

序号	要　点	说　明
1	推荐理由	央视为同学们拍了下面这7部神级纪录片，全方位涵盖中小学课本知识点，带你边看剧边学习
2	推荐元素罗列	一、《河西走廊》安利了很多次，号称是看完历史必涨20分的顶配名作，讲述了丝绸之路的前世今生，有质量，有深度，有情怀。 二、《跟着书本去旅行》，以旅行的方式走进课本、古诗、经典名著中，走访那些被写进课本里的名胜古迹以及它们背后的故事。每集20分钟，沉浸式学语文。 三、《此话怎讲》，一部集搞笑与知识为一身的名画真人秀，让名画中的人物开口说话，真实演绎，有梗有知识，一边吃瓜一边赏画。 四、《中国唱诗班》，将古诗改编成一个个深刻唯美的故事，用动画的形式让你爱上古诗。 五、《故宫100》，用100个5分钟的故事揭晓关于故宫的秘密，既能长见识还能提高审美。 六、《航拍中国》，以航拍的全视角了解各个省份、地区不同的人文历史和自然风貌，不仅是学习地理、历史学科的必看篇，就连它的解说词也是美到可以直接写进作文里的。 七、《如果国宝会说话》，一共100集，每集5分钟，就能快速带你了解一件国宝级文物的前世今生。文案绝美，内容也是短小精悍，充满了趣味性
3	引导互动	以上国内7部神级纪录片，学不学都丢进收藏夹里积灰吧

3. 观点态度类

观点态度类视频，就是表达自己的某个观点或者立场，引发用户的共鸣和思考。这一类视频可以体现出博主的思考深度以及价值观，因此很容易获得用户的强烈支持和持续追随。

观点态度类文案结构分为三部分：

第一步：提出观点

在开头单刀直入，提出自己的观点，也就是自己主张什么，赞成什么，对某件事持什么态度。观点一定要用一句简洁的话表达出来，而且一定要鲜明，不能模棱两可。

为了引起观众的兴趣，观点不能太老旧，或者烂大街，一定要足够抓人。那么哪些观点比较抓人眼球呢？笔者在这里总结了三种类型。

第一种是有争议的观点。比如"做全职妈妈就是一个女人最大的悲哀"，这种观点能引发大家的激烈讨论，有人强烈支持，也有人坚决反对，有了讨论度，视频就有了热度。

第二种是反认知的观点。比如"做个不合群的人，才是最快乐的"，这个观点就颠覆了大众的认知，从而引起用户的好奇。

第三种是新颖的观点。比如"每个女生都应该有点侠气"，这个观点就非常独特、新颖，比起那些老生常谈的说法，用户会觉得这个观点更加新鲜有趣。

第二步：论述观点

视频主体部分需要围绕观点，进行详细的论述，向观众解释自己为什么持这个观点。通常情况下，需要引用一些案例、故事、数据来辅助论述，才会显得有理有据。

第三步：金句升华

在视频结尾，补充上一句金句，或者名人名言，从而升华主题，画龙点睛，再次激发用户的认同，对于视频的呈现效果也会产生"1+1 ≥ 2"的作用。

按照以上三个步骤来撰写文案，就会写出极具吸引力的观点态度类文案。下面将文案结构用表格方式呈现，如表 4-7 所示。

表4-7　观点态度类的视频文案结构

序　号	要　　　点	说　　　明
1	提出观点	为了引起用户的兴趣，通常会提出一个有争议、反认知、新颖的观点
2	论述观点	围绕观点，用案例、故事、数据等进行论述
3	金句升华	结尾用金句升华，激发用户认同

举个例子，小红书上一篇标题为"过度准备才是最消耗人生的假动作"的视频，就是一条典型的观点态度类视频。我们对这条爆款视频文案进行拆解，如表 4-8 所示。

表4-8　小红书某篇视频笔记的文案拆解

序　号	要　　　点	说　　　明
1	提出观点	25岁之后，我意识到一件非常残酷的事情，就是人生好像学游泳，它会直接把你丢在水里按头让你学，而不是等你学会了再下水
2	论述观点	回想一下，我这几年几乎所有跨越性的成长都不是我主动去习得的，而是被命运推到那个位置被迫学会的。 上大学那会儿，我们学校有个非常有名的创业比赛，我上大一的时候就想参加，但觉得自己没有准备好，就没去，大二依然觉得自己没准备好，再次放弃。到了大三的时候，我还想再准备准备，结果我导师直接帮我报名了，我没有办法，只能硬着头皮参加，手忙脚乱地准备，真的是边做边学，最后当然是拿了奖，但是比奖项和名次更重要

续表

序号	要点	说　明
2	论述观点	的是，我收获了我大学四年最重要的一段经历，那两三个月几乎是拔节式地成长，学了太多太多课堂之外的知识和技能，绝对是受益终身
2	论述观点	后来做博主转型，从文字博主变成视频博主，有个大约半年的时间，我都处于准备阶段，就今天买一堆的打光设备，明天开始装修家里的背景墙，后天又觉得自己太胖了，应该先减肥再拍视频，总之别人问我为什么还不发内容，我都说还没准备好。就这样过了半年，最后先火的是一条抓起手机直接录的视频，后面趁流量好开始日更，什么打光，什么背景，根本就没有时间弄，都是直接拍，边拍边学，边学边改，现在做得就还挺得心应手的。我以前是真的很喜欢说等我怎么怎么样了我就去做什么，等我瘦到100斤，我就去约喜欢的男生出来；等我考出驾照，我就去欧洲自驾；等我手里有足够多的钱，我就去创业。但事实是我永远都不会准备好的，机会都是在我觉得自己还没有准备好的时候突然降临的。那些喜欢说等我怎么怎么样就怎么怎么样的人，都是逃避型人格，都是拖延症患者，过度准备只不过是他们用于自我欺骗的借口罢了，他们看似在准备，其实是为了让自己拖延起来更加心安理得。千万不要成为这样的人，不要成为披着完美主义虚假外壳的逃避派，不要害怕行动
3	引导互动	伍迪·艾伦说过，世界上80%的成功来自道场，你去了，你做了，你在那儿，你就已经赢了一大半的人。而且我再告诉你们一个秘密，那些总是要等到万无一失再出手的人，那些习惯打安全牌的人，顶多活得优秀，但是那些敢于冒险随时出发的人，才有可能活得伟大

这条视频主要分成三个部分，首先，博主在开篇提出了一个新鲜的观点："人生像学游泳，是直接把你丢在水里按头让你学，

而不是等你学会了再下水"，引起了用户的好奇；然后博主用"大学参加比赛"和"做视频博主"这两个真实的故事来印证自己的观点；最后引用了伍迪·艾伦的名言和一个金句来升华主题。整条视频观点鲜明，论述清晰，有理有据，获得了2.1万点赞。

二、开头：七种强制留人的吸睛开头

清代文学家李渔说："开卷之初，当以奇句夺目，使之一见而惊，不敢弃去。"的确如此，一个响亮有力的开头，可以起到先声夺人、聚焦读者注意力的效果。

所以，无论运营者的视频作品属于哪种类型，都要用心设计一个精彩的开头，把观众留住，给予对方一个不得不往下看的理由。

那么如何才能写出抓人眼球的开头呢？接下来为大家介绍七种开头技巧。

1. 价值式

价值式开头是指在视频一开始，我们就要告诉用户，这条视频有多少干货和价值，看了之后能收获多少好处，让用户产生极强的获得感，觉得该视频值得看下去。

皮肤科医生教你买护肤品，换个搜索词，轻松省下一个亿，看到就是赚到，记得点赞收藏。

21个极简高情商社交潜规则，能让你在为人处世方面，少走5年的弯路。

接下来要说的这5点，可以帮你把60分的普通人生，拉高到还不错的85分。如果你能认真听完，真的可以帮你提前规避掉人生的很多难题。

2. 颠覆式

讲一个反常的事或者反常规的观点，颠覆大多数用户的思想认知，极大地引发他们的好奇，促使其继续往下看。

说出来挺搞笑，大学时候划水，水作业，水笔记，水到四年奖学金；进入职场划水，反加班，反内卷，水成了自己当老板；十月份开始做短视频，一个人一个月，我干到了 5 万粉。

孩子顶嘴，那就对了！很多时候，父母会把孩子顶嘴当成一种不听话的表现，轻则口头镇压，重则武力解决。却从来没有认真地想过，孩子到底为什么会顶嘴？

3. 优越式

开头直接摆出自己某方面的优越经历或成果，引发用户的羡慕之情。注意这个经历或成果一定要够厉害、够励志，才能让用户对博主产生敬佩、崇拜的感觉，进而对接下来的内容产生期待。

记忆力好的人，人生就像开挂一样。我读大学的时候，就是因为记忆力好，被拉去紧急救场，5 分钟背完了近 5000 字的主持稿。大学的时候，英语四六级证书、教师资格证、经纪人资格证更是拿到手软。

我发现我真的太会面试了！大专学历的我，19 岁实习薪资只有 3500，21 岁拿下 18K 的 Offer，凭这一套面试流程，找工作基本百分百拿到 Offer。

4. 提问式

提出一个对用户来说直接且有力的问题，引发用户的思考和好奇。注意提出的问题得是大多数人熟悉、有共鸣的问题，这样才能抓住用户的注意力。

如果你的领导下达了一个很扯的指令，你会怎么办？

普通人如何赚到自己人生中第一桶金？

真正见过世面的女孩是什么样子？

5. 共鸣式

在开头描绘一些目标群体具有相同感受的场景，让用户有代入感，感觉博主说的就是自己，引起用户情绪上的共鸣，这样就会激起他继续看下去的欲望。

如果你觉得自己嘴笨，说话没逻辑，脑子里想法很多，可一到嘴边，却不知如何表达，当众发言永远后悔没有发挥好，恭喜你，大数据让我抓到你啦。

不知道你们有没有过这种体验？走进一家餐厅或咖啡店，就总感觉别人都在看着你，所以挠东挠西，整个人非常不自信；遇到好看的打卡景点很想拍照，却总是在意路人的目光，尴尬得满脸通红，落荒而逃。

6. 悬念式

在开头部分埋下一些吸引点，但又故意不挑明、不说透，也就是"话只说一半"，这样能够激发起用户的好奇心，让他们想继续看下去，寻找答案，一探究竟。

从没想过电视剧里的狗血剧情，居然会发生在我身上。

我今天讲的这件事，我觉得比赚钱还要重要。

7. 危机式

直接展示错误行为会导致的负向结果或严重危机，对用户进行警告或者劝诫。因为我们天生对具有威胁性的危机更敏感，在开头营造出危机感，能够激发用户的恐惧心理，更容易激起他观看的欲望。

这几种好朋友，一定要远离，不然早晚毁了你！

你们看一下，这七天没洗的美妆蛋，真的比你家马桶还脏！看看我同事，就是因为她从来都不洗美妆蛋，脸就烂成了这个样子。

运营者可以借助这七个开头技巧，多加练习，写出精彩的开头就会变得越来越容易，写起来就会越来越得心应手。

三、结尾：五种巧妙转粉的精彩结尾

一个吸睛的开头固然能使人眼前一亮，引发用户一睹为快的冲动，但精彩的结尾也能让人意犹未尽，拍案叫绝，让用户忍不住点赞、评论，或者产生关注的欲望。

如何才能写出吸粉力极强的结尾呢？接下来为大家介绍五种结尾技巧。

1. 下集预告式

下集预告式，也就是在结尾埋下一个钩子，告诉用户下一期视频会分享什么主题的内容，如果用户对这个主题感兴趣，就会产生期待感，通常情况下，就会立马关注博主，等待其后续的更新。

比如小红书上一条关于"职业规划"的视频，博主教大家如何设计自己的职业规划路径图。在结尾的时候，她向用户说道："其实这个图最难的就是第一步，很多人觉得自己什么都不会，简直没有天赋。那下期会有更详细的方法，我带你找到你的隐藏天赋，只要你跟着做，我保证你能找到最佳赛道。"这种结尾对有职业规划需求的用户而言绝对是吸引力十足，其评论区也有许多粉丝留言表示期待下期视频。

2. 长期价值式

我们的每一条视频，都会被无数的陌生用户看到，在此之前他们并不认识我们，因此运营者可以在视频结尾告诉用户"我是谁""我会分享什么"，让用户一听就明白这个账号是干什么的，从而产生关注欲望。

比如，我自己运营的小红书账号"大鱼师姐"，视频的结尾都是统一的话术："我是大鱼师姐，关注我，陪你从 0～1 做账号。"用户听完之后，就会快速感知到，在这个账号，可以收获到许多零基础做账号的干货经验，从而选择收藏、关注。

3. 引导互动式

比如，想要引导用户进行点赞、收藏等互动行为时，可以说："好啦，记得给我点赞、收藏、关注三连，还有哪些想听，评论区cue 我！"

再比如，想要收集用户感兴趣的话题时，可以说："下期想听什么，评论区告诉我，马上给你们安排！"

需要注意的是，引导互动要真诚，适可而止，切忌用利益引诱等方式来"变相胁迫"用户点赞、关注，如"关注博主送福利资料""关注博主可参与抽奖"等。在小红书创作学院发布的《笔记规范全解读》里，这属于"诱导"行为，是不允许出现的。

4. 金句升华式

在结尾处，留下一个有哲理的金句作为升华，会给人留下深刻印象。

比如，小红书上一条标题为《有匪气的女孩有多爽？压小人，成大事！》的视频，博主在结尾处是这么说的："余华曾经说过，当你凶狠地对待这个世界时，这个世界突然变得温文尔雅了。所以匪气一点，你的人生才有更多可能！"因为引用了余华的名句，以及一个简短有力的金句，从而给了用户一种回味无穷的感受。

5. 美好祝愿式

结尾发出美好祝愿，给用户希望和信心，毕竟谁都想遇到好事，因此用户听到美好的祝愿时，就会联想到自身，更容易引发用户点赞。

小红书上一篇标题为"数学逆袭！谁说女孩子学不会数学？"的视频笔记，博主在结尾的时候对用户说："知道好的方法呢，就是成功的一半，剩下的一半就要看我们自己的努力啦。希望看到这个视频的宝宝都可以成功逆袭！"这样的美好祝愿，会给用户带来正能量，激发出他们点赞的欲望。

四、修改：三个拯救烂稿的修改技巧

当我们利用上述方法写好了文案初稿，接下来要做的就是修改和润色。很多运营者，总是存在一种幻想，期盼一遍就能写出爆款文案，这其实是对创作的一种误解。

诺贝尔文学奖得主海明威曾说过："任何初稿都是狗屎。"写作如此，视频创作亦是如此。我们看到的那些爆款视频文案，大多都不是一遍就写成的，在我们看不见的背后，创作者不知道把文案反复修改了多少遍。

所以，我们写完文案后都需要认真进行修改，因为好文案是改出来的，不是写出来的。只要我们用心去修改润色，哪怕初稿是一块顽铁，都可以把它打磨成一把利剑。

这里分享几个修改润色文案的实用技巧。

1. 啰唆变精简

新手写文案，最常犯的错误就是语言啰唆，明明一句话可以说清楚的事情，非要写上好几句。要知道，啰唆冗长的内容，只会让用户觉得无聊乏味，继而失去观看欲望。

作家鲁迅说过："写完后至少要看两遍，竭力将可有可无的字、句、段删去，毫不可惜。"因此，修改文案的第一步就是要舍得删。千万不要心疼自己写的时候付出的辛苦，要抱着观众随时会走的心态，把那些重复的、没用的字、词、句都拿掉。

2. 长句变短句

短视频文案圈有这么一句话：能用短句的，一定不用长句。因为句子过长，会增加用户的理解难度。

一般情况下，用户刷视频时都是处于休闲放松的状态，不愿意深入思考。如果我们用一些复杂的长句和用户对话，他们听起来觉得费脑，就会毫不犹豫地刷走了。相比之下，短句更加富有节奏和韵律感，会勾着用户不断往下看。

所以，在修改的时候，若发现长句子或者难懂的句子，应立即把它拆分成几个短句。

列举一个我曾经帮助学员修改过的文案。

这篇文案的标题叫"95%的人敷面膜都敷错了！"，文案的开头如下。

95%的人都敷错了面膜！不想白花钱还烂脸的姐妹，可真要来感谢我了，因为这是我花了5万块钱报的专业护肤课里我提炼出来的六大敷面膜的常见误区，也是最重要的。

这个开头里有一个很长的句子"因为这是我花了 5 万块钱报的专业护肤课里我提炼出来的六大敷面膜的常见误区"，用户听起来会觉得费劲，我们可以将它修改为短句：

95% 的人都敷错了面膜！不仅白花钱，而且越敷越差！我最近花了 5 万块，上了专业护肤课，整理出了 6 个敷面膜的大坑，看看你踩了几个？

修改之后的文案，不仅读起来更加顺畅，朗朗上口，而且节奏感更强，更有情绪感染力了。

所以，运营者在修改文案时要注意多用短句，且每个短句不能超过 15 个字。

3. 书面语变口语

许多新手写文案时，很容易用力过猛，写得过于文绉绉，充斥着书面用语。要知道，短视频文案最终都是要靠嘴播报出来的，如果文案读起来很生硬，像是在读新闻一样，那么用户听起来也会不舒服。

因此，在修改的时候，我们应该一边出声读一边改，把读起来觉得生硬、不自然的语句，通通改成接地气的口语化表达。

同样，举一个我曾经帮助学员修改的例子。

这篇文案的标题叫作"教娃认识时间，5 个宝藏工具推荐"，文案其中的一段如下。

第一个，中英文双语小日历，23 块 9。内容丰富，功能齐全。包括对日期、星期、天气、心情的认知。魔术贴设计，可以引导孩子自己动手，让孩子感受时间的变化，认识时间，观察天气，表达心情。可以和孩子进行互动，提问一年有几个月，一个月有几天，一周有几个星期。让孩子对时间有整体的概念。每天早上贴一贴，玩中学的同时，开启仪式感满满的一天。

这段文案虽然条理清楚，简明扼要，也都是短句，但是语言风格比较书面化，录短视频的效果并不好。我修改之后是这样的：

第一个，儿童双语小日历，只要23块9。这个小日历真是深得我心，孩子可以边玩边学，轻松建立时间观念。魔术贴的设计很方便，孩子自己动手粘贴，时间啊，日期啊，四季啊，天气啊，一边玩一边就学会了，还可以表达自己的心情。我家哼哼每天早上第一件事就是贴一贴，特别有仪式感，强烈安利给大家！

修改之后，文案的语言就自然许多，更加接近我们日常说话的口吻和语感，与初稿的生硬形成了鲜明的对比。这就是口语化的重要性。

以上就是撰写视频文案的技巧，关于写文案，没有捷径可走，只有一个办法：多写、多练。运营者应该在平时多拆解模仿优秀的文案，提升网感，同时大量地写，反复地改，坚持一段时间，文案水平一定能大大提升。

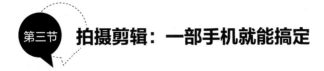

第三节　拍摄剪辑：一部手机就能搞定

拍摄和剪辑，是视频创作者必须掌握的技能，因为高质量的视频肯定不是拿着手机随意地拍摄就能够产生的，而是需要创作者掌握许多拍摄、剪辑的方法或技巧。

本节将从三方面展开，首先介绍适合新手的拍摄设备；然后教大家如何高效拍摄不同类型的视频；最后讲解剪辑思维，帮助小白快速剪出优质视频。

一、设备：拍摄设备用这些就够了

"工欲善其事，必先利其器。"拍摄视频的第一步是选择拍摄设备。但作为新手，切勿一开始就贸然购入大量的专业拍摄设备，可以优先购买以下四种基本的拍摄设备，如图 4-4 所示。

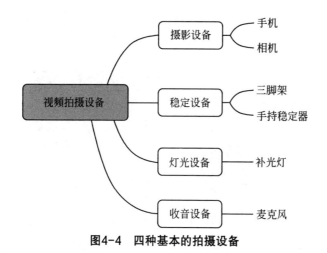

图4-4　四种基本的拍摄设备

1. 摄影设备

摄影设备主要包括手机和相机。许多新手在选择摄影设备时，经常会纠结：到底是用手机拍，还是买专业的相机来拍？

其实，对于绝大多数新手来说，拍摄视频用一部手机就足够了。因为目前各品牌手机的摄像功能，足以满足我们的拍摄需求，而且手机轻巧、方便，随时都可以拍；除此之外，手机中还有许多美颜工具、剪辑软件，我们在拍摄和后期剪辑时也会比较便捷。

相机的画质虽好，拍摄画面清晰，但不易携带，且参数设置较为复杂，新手不易操作。如果运营者本身是摄影发烧友，或者对于视频画质美感的要求极高，那么就可以选择用相机来拍摄。

2. 稳定设备

稳定设备的作用是固定摄影设备，保证在拍摄过程中镜头画面平稳。常见的稳定设备主要有三脚架和手持稳定器。

三脚架适合静态拍摄，用来固定静止机位的摄影设备。在拍摄时将手机或相机固定在三脚架上，能够保证画面不抖动，如图4-5所示。尤其是独自录制视频时，三脚架必不可缺。

图4-5 常见的三脚架

手持稳定器，也称智能云台，特别适合拍摄Vlog类视频的博主，因为经常要到户外走动拍摄，手持稳定器能有效减少手机、相机在运动过程中带来的画面晃动和重影，还能搭配多种拍摄模式，做出酷炫的效果。

常见的手持稳定器如图4-6所示。

图4-6　常见的手持稳定器

3.灯光设备

光线对画面的质量有着非常重要的影响，光线越好，拍摄出来的画面就会越清晰。如果在室内或者昏暗光线下拍摄，就需要使用补光灯，提供辅助光线。

补光灯也有许多类型可以选择，一是环形补光灯，操作方便，只需把手机架在灯前就可以拍摄，灯光柔和，在人的眼睛里会反射出一个环形的光斑，显得人眼有神。缺点是多为落地式，不易移动；二是便携补光灯，小巧灵活，支持色温调节，打光均匀柔和，可以满足不同场景下的补光需求。环形补光灯和便携补光灯如图 4-7 所示。

环形补光灯　　　　　　　便携补光灯

图4-7　常见的补光灯

4. 收音设备

拍摄时，现场难免会存在一些嘈杂的声音，为了降低这些环境音对视频音质的影响，拍摄时可以选择收音设备，推荐大家使用无线麦克风，能够直接夹在衣领上，近距离收录说话者的声音，如图 4-8 所示。

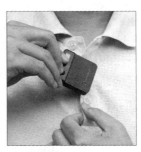

图4-8　常见的无线麦克风

以上四种设备足以满足普通的视频拍摄需求，运营者可以按需进行选择。需要提醒的是，新手不需要把所有的设备都准备好了再开始，哪怕只有一部手机，都可以拍起来，在拍的过程中，根据具体需求，再针对性补充设备进行优化。

二、拍摄：高效拍摄短视频的要点

一段视频如果拍摄得不好，即使后期技术再高，也是难以弥补的，因此掌握一些基本的拍摄技巧十分必要。接下来就为大家介绍真人口播和 Vlog 这两类视频的高效拍摄技巧，帮助运营者快速提高拍摄水平，拍出与众不同的视频。

1. 真人口播类视频拍摄要点

很多新手想拍摄真人出镜视频，但一面对镜头，就会很紧张，表情也不自然，这种情况下，拍摄出来的效果就会不尽如人意。

新手刚开始拍摄时，想要缓解面对镜头的紧张感，提高表现力，可以试试以下方法。

一是扔掉提词器。人无法一心二用，当我们在看提词器时，脑子里的念头全都是"看看下一句是什么"，这种情况下根本顾不上语气和表情管理。所以，新手盯着提词器录出来的视频，大多都眼神飘忽、表情僵硬、语气平淡。

正确的做法是不用提词器，先多熟悉文案，把文案理解透了再来拍，因为只有足够地熟悉，才能在镜头面前保持轻松的状态。

二是分段录制。记不住台词的情况下，可以分段录制，也就是把文案分成若干个小段落，每次背一小段词进行录制。不必要求自己一口气拍完一条视频，对于普通人来说，"一镜到底"的难度非常大。学会分段录制，背词的压力就会大大减少，后期再把重复和没有用的片段剪辑掉就可以了。

如果中途说错词或者卡壳怎么办呢？很简单，深吸一口气，停顿两秒钟，然后重新把这句话录制一遍。停顿两秒的目的，是为了给剪掉出错的地方预留一些空间。如果着急拍，和之前出错的地方挨得太近，则不好剪辑。

三是直视镜头。拍摄的时候，目光要盯在摄像头或附近区域。注意眼神不要东看西看，也不要过于仰视或俯视，要直视镜头，这样会让观众有一种在跟他交流的感觉。

四是情感充沛。出镜者的情绪传递非常重要，因此在拍摄的时候不能面无表情，尽量带一点微笑，同时，要配合文案内容，进行喜怒哀乐等情感变化，这样视频才会具备感染力。

五是把镜头当作朋友。录制的时候，最好的状态就是把镜头当作好朋友、闺蜜，想象他们就坐在对面，然后配合自然的手势、表情跟他们正常聊天。这样会让我们忘记面对镜头的尴尬，说起话来也会更有激情。

以上是一些提高视频表现力的实用方法，但我想说的是，除了这些方法之外，最有效的提高方式就是大量练习。我在刚开始录口播视频时，效果也很一般，感觉都拿不出手。于是我开始反复练习，一次录不好，那就反复拍十几次，直到拍到自己满意为止。就这样练习了不下 100 次后，表现就越来越自然了。

有句话叫"量变引起质变"，拍摄视频也是一样，哪怕刚开始录制的时候不习惯，感觉不自然，也没关系，当练习到一定程度后，自然就能够应对自如了。

2.Vlog 拍摄要点

相比于真人口播视频，Vlog 的拍摄更为复杂，但初学者通过学习一些常用的拍摄技巧，就可以快速提升作品的品质。

（1）写好分镜脚本

Vlog 需要拍摄的视频素材多，最好提前根据文案写好分镜头脚本，便于在拍摄现场对照脚本依次拍摄，这样可以提高拍摄效率，还能避免漏拍镜头的情况发生。

专业的分镜脚本较为复杂，新手运营者使用下列这个极简版分镜脚本就足够了，如表 4-9 所示。

表4-9 Vlog极简版分镜脚本

镜号	画 面 内 容	景别	对 应 文 案

例如小红书上一条标题为"110平独居丨一线城市月入3W打工人日常"的爆款Vlog，分镜脚本如表4-10所示。

表4-10 某条爆款Vlog的分镜脚本拆解

镜号	画 面 内 容	景别	对 应 文 案
1	回家进门，把包包放在玄关处	中景	我大概是个社交废物
2	从自动米桶里取米	近景	下班就回家
3	把米倒进电饭锅里	近景	绝对不和同事组团聚餐
4	在水槽旁洗米	近景	就想回到自己的房子里
5	把洗过米的水倒掉	近景	一个人安静地待着
6	人物背对镜头，站在厨房里操作电饭锅	全景	这样的生活已经持续四五年了

可能有的朋友会有疑问，在这个表中，"景别"这一列包含的"中景""近景""全景"是什么意思呢？这就涉及拍摄的第二个技巧。

（2）多种景别切换

景别，可以简单理解为视频画面的范围大小，主要包括远景、全景、中景、近景、特写。我们以一帧人物视频画面为例，说明这五种景别的区别，物体同理。

远景，拍摄距离很远，人物在画面中较小，背景占主要地位。远景主要展现大环境，如开阔的风景、远处的建筑等，如图4-9所示。

图4-9　远景示例

全景，拍摄的距离稍近一些，能够拍摄到人物全身，同时也能拍到部分背景环境。主要用来表现人物的全身动作与环境的关系，如图 4-10 所示。

图4-10　全景示例

中景，拍摄距离更近一步，展现人物膝盖以上的画面，进一步强调人物的肢体动作，如图 4-11 所示。

图4-11 中景示例

近景，拍摄人物胸部以上画面，表现人物的面部轮廓、表情神态等，能够传递人物的情绪，刻画人物的性格，如图4-12所示。

图4-12 近景示例

特写，近距离进行人物拍摄，展现人物面部、局部的画面，能够突出人物面部细节、眼神，以及皱眉、瞪眼等细微动作，如

图 4-13 所示。

图4-13 特写示例

　　拍摄 Vlog 视频时，运营者要注意这五种景别交替使用，且每个景别画面的时长控制在 3～10s 内，从而增强视频的视觉变化与感染力，减少用户的视觉疲劳。

　　（3）注意动静结合

　　拍摄视频时，应采用动静结合的方式，好让画面更加生动。动静结合，即"动态画面静着拍，静态画面动着拍"。

　　动态画面，指的是拍摄的画面本身在动，如切菜的动作、行走的路人、沸腾的水等。在这类画面中，由于被摄主体本身就在动，如果拍摄时镜头也有大幅度的移动，就会让整个画面显得很乱，让用户找不到被摄主体。因此拍摄动态画面，一定要固定拍摄机位。

　　静态画面，指的是画面中的被摄主体是静止不动的，例如摆盘后的美食、桌上的文具等，这种情况下则可以通过运镜的方式增加画面动感。例如，将镜头逐渐推进，展示被摄主体的细节；或者将镜头逐渐拉远，展示被摄主体的全貌等。

以上就是拍摄视频的技巧。除此之外，运营者还要注意在平时生活、工作中多积累素材，随时随地抓拍各种场景，比如在外面逛街时、旅行时、听课学习时、上台讲话时等，这样在后期有需要时，就能搭配对应的场景画面，不用专门去补对应的画面，也就提高了效率。

三、剪辑：剪辑出片的流程全解析

许多新手运营者从未接触过剪辑，所以对剪辑这件事望而生畏。其实，剪辑并没有想象中那么难，我们用一部手机就可以轻松完成。

推荐使用"剪映"App，功能强大，傻瓜式操作，即便是新手，也能迅速上手，剪辑出一条不错的视频。

在剪映上剪辑一条视频，包含五个步骤，如表 4-11 所示。

表4-11　剪辑一条视频的流程

剪辑步骤	说　　明
粗剪	从拍摄好的视频素材中，挑选出画质清晰、符合要求的素材，添加到剪映App中，然后按照文案顺序进行组接，使画面连贯、有逻辑，形成第一稿视频
精剪	对视频进行更精细的剪辑，比如对画面进行调色，添加滤镜等，以增强画面吸引力；对各段素材的衔接进行精细化调整，提高紧凑度
添加音乐和字幕	给视频添加合适的背景音乐，从而增强听觉体验，同时添加字幕，帮助用户理解视频的内容

续表

剪辑步骤	说　明
添加特效	完成前面三步后，其实已经完成一条合格的视频了。但如果运营者想让视频更具观赏性，还可以进一步包装视频，比如添加一些动画或音效，使视频更有吸引力
导出	剪辑完成后，设置好视频的分辨率和帧率，完成导出

下面我们以一条口播视频为例，示范一遍详细的剪辑过程，学会这套操作，运营者就可以完成日常的视频剪辑操作了。

1.导入素材

打开剪映，点击"开始创作"，将拍摄好的视频素材都导入进来，选中需要添加的素材，点击"添加"即可。除了导入自己拍摄的视频外，剪映的素材库里还内置了丰富的素材，如片头片尾、情绪爆梗、空镜头等，运营者可以按需添加，如图4-14所示。

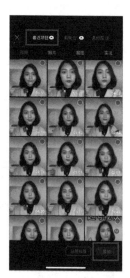

图4-14　在剪映中导入素材的方法

2. 调整比例

导入素材后，当前的画布比例由刚刚导入的第一条视频的比例决定。例如，运营者先导入了一条竖版3∶4的视频，再导入了一条横版4∶3的视频，那么当前画布比例就默认为竖版3∶4。若想要改变画布比例，可以点击下方菜单栏中的"比例"按钮，选择合适的比例，如图4-15所示。

图4-15　在剪映中调整视频比例的方法

3. 去除多余片段

视频素材中难免有许多我们不需要的画面，这时可以通过分割操作来去除多余片段。选中一段视频素材后，将白色时间轴滑动到合适的位置，点击"分割"即可。通过分割，就可以把不需要的片段切割出来，然后点击"删除"。如果出现误操作，可以点击撤销按钮，即可撤销操作，具体操作如图4-16所示。

图4-16　在剪映中分割素材的方法

当把所有多余的片段都删除之后，就完成了粗剪工作，得到了一条逻辑顺畅的视频。

4. 精细化调节

接下来，我们需要对视频进行更精细化的调整。为了方便操作，可以拉伸操作区，使视频素材的时间轴变长，这样就可以一帧一帧地处理画面，方便对素材之间的连接处进行更细致的调整，确保过渡更加流畅自然。拉伸操作区的方法是双指往外滑动，反之双指往内滑动就可以缩短操作区，如图 4-17 所示。

5. 调节画面和音量

当画面呈现不够理想时，比如亮度不够、色温偏黄等，可以对画面进行调节。点击"调节"按钮，可以调整画面亮度、对比度、饱和度等参数，还可以添加滤镜，调节完毕后，点击确认，回到操作台，然后选中调节的这条轨道，将前后拉长至视频开头、结尾处，确保覆盖到整条视频。具体操作如图 4-18 所示。

图4-17 在剪映中拉伸和缩短操作区的方法

图4-18 在剪映中调节画面的方法

点击任意一条视频素材，选择"音量"按钮，将音量条拉到合适的位置，再点击"响度统一"，就完成了所有片段的音量设置，如图 4-19 所示。

图4-19　在剪映中调节音量的方法

6. 添加字幕

剪映添加字幕的功能非常便捷，点击"文本"按钮，选择"识别字幕"，再点击"开始匹配"，就可以自动识别生成字幕了，如图 4-20 所示。

7. 添加背景音乐

给视频添加合适的背景音乐，可以增强听觉体验，让视频看起来不那么干巴巴的。不过选择的背景音乐要符合视频的内容主题和整体节奏，而且不能喧宾夺主，一般来说纯音乐更为合适。

点击下方菜单栏中的"音频"按钮，选择"音乐"，进入系统音乐库，里面有 26 种音乐类别和推荐音乐，可以从中挑选；也可以在搜索框中输入歌曲名,进行查找,如图 4-21 所示。

图4-20 在剪映中添加字幕的方法

图4-21 在剪映中添加背景音乐的方法

8.添加音效、特效等

音效可以烘托视频的气氛,起到画龙点睛的效果。剪映的音效库里有海量的音效，如综艺音效、环境音、提示音等，运营者可以根据需求，选择合适的音效。添加音效的路径是点击"音频"，选择"音效"，点击音效名字可以试听，点击"使用"即可添加音效，具体操作如图4-22所示。

图4-22　在剪映中添加音效的方法

如果运营者还想让自己的视频更具观赏性，还可以给字幕、人物添加一些动画或者特效，以使画面更加生动。添加特效的操作为点击"特效"按钮，可以选择"画面特效"和"人物特效"，找到适合的特效进行添加即可，如图4-23所示。

9. 导出

剪辑完成后，点击播放按钮，从头观看和检查一遍视频，确认无误后，点击界面右上方的灰色按钮，设置好视频的分辨率和帧率。此处设置分辨率为"1080P"，帧率为"30"，最后点击"导出"按钮即可导出视频，如图4-24所示。

图4-23　在剪映中添加特效的方法

图4-24　在剪映中导出视频的方法

第五章

快速涨粉：
账号轻松吸粉三步走

　　"涨粉慢""涨粉难"的局面应该怎么破呢？分享一个涨粉公式：涨粉 = 流量曝光 + 长期价值 + 吸睛人设。涨粉首先需要利用算法扩大流量曝光，毕竟只有用户先看到我们，才有可能关注我们；其次，账号要有长期价值和吸睛人设，这是吸引粉丝的核心。接下来就为大家介绍涨粉的 3 个步骤，分别是算法涨粉、价值涨粉和人设涨粉。

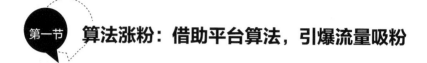

第一节 算法涨粉：借助平台算法，引爆流量吸粉

我在辅导学员运营账号的过程中，发现不少学员都有过这样的体验：发布的笔记成为爆款后，账号一夜之间就涨了几千粉丝。素人博主之所以能实现一夜爆火、粉丝疯涨，其实都要归功于小红书平台的推荐算法。

所谓推荐算法，简单说来，就是系统分配流量的规律。运营者了解并运用好这种规律，就能顺势而为，让自己轻松获得更多的粉丝。

那么，小红书的推荐算法到底是怎么运作的呢？当一篇笔记发布并通过系统审核后，系统首先会根据笔记的内容，给笔记打上相应的标签，然后给予100～300的初始曝光量，推送给可能会感兴趣的人群。在初始推荐阶段，系统会根据笔记的点击量、点赞量、收藏量、评论量、转发量这些互动指标来判断笔记是否受欢迎，被判为受欢迎的笔记会进入更大的流量池，获得更多的曝光。反之，一旦笔记在某个阶段的数据表现不好，系统就不会再推荐了。

小红书平台的推荐算法机制如图 5-1 所示。

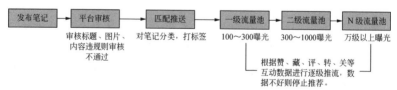

图5-1 小红书平台的推荐算法机制

从上图不难看出，小红书的推荐算法机制是"去中心化"的，也就是说，平台流量不会直接向网红、大 V 倾斜，也不会由于某个账号粉丝数量多，就给予更高的曝光量，每篇笔记在推送环节获得的流量都是相对公平的。因此，即便是粉丝数不多的素人博主，也有机会做出爆款内容，实现大面积涨粉。

从算法层面上来说，一篇小红书笔记如果想要持续获得流量，有两个重要的关键点。第一，如何让平台更准确地检测出笔记的内容标签，然后推送给精准人群；第二，如何被平台判定为受欢迎的笔记，从而进入更大流量池。

围绕这两个关键点，我总结了两个针对性的方法，分别是布局关键词和提高互动量，如图 5-2 所示。运营者通过提升这两方面，就可以争取到更多的流量，实现快速涨粉。

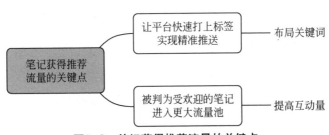

图5-2　笔记获得推荐流量的关键点

一、布局关键词

当运营者发布笔记后，平台会根据笔记内容中的关键词提取标签，划分内容类别，然后与用户的喜好进行匹配，之后才会把这篇笔记推送给相应的人群。

例如，一篇关于自媒体运营的笔记，如果文中出现"自媒体""运营""新手博主""爆文"等高频词，系统就容易识别和判断，然后会将笔记推送给对自媒体运营感兴趣的用户。平台的推送越精准，用户的点击率和互动量就会更高。如果一篇笔记里没有添加足够多的关键词，那么平台将无法精准地识别这篇笔记讲的是什么主题，也就无法推送给更精准的人群。

因此，对于运营者来说，想要增加笔记上热门的概率，就要有意识地将关键词合理布局在笔记内容之中。下面为大家详细介绍布局关键词的方法。

1. 标题中突出关键词

笔记的标题一定要突出关键词，因为标题是系统读取笔记内容的一个重要渠道，标题中如果含有明显的关键词，就能够让系统快速提取到笔记的核心主题，从而利于流量的分配。此外，标题中的关键词也能够吸引用户的注意力，提高其阅读欲望，从而增加笔记的点击率，这也会为笔记的数据表现加分。

比如小红书上一篇笔记的标题为《无痛自律，做这 10 件事停止内耗，逆风翻盘》，就突出了"自律""停止内耗""逆风翻盘"等关键词。这些关键词就能被系统抓取并迅速识别笔记是讲哪方面的内容，从而恰到好处地利用平台算法为笔记吸引了流量，如图 5-3 所示。

2. 正文重复关键词

除了标题中要包含关键词外，运营者还需要在正文中多次重复关键词。要知道，如果正文内容中较少甚至不提及关键词，平台即使捕捉到标题中的关键词，也会认为该篇笔记的正文内容和该关键词的相关性不大，那么平台在给用户推荐笔记的时候，笔记的排名就会靠后，不利于笔记的曝光。

以这篇笔记为例，其主要分享停止内耗的方法，所以在笔记正文内容中多次出现"内耗"这个关键词，很好地贴合了笔记的主题，如图5-4所示。

图5-3　突出关键词的笔记标题　　　图5-4　包含关键词的笔记正文

需要注意的是，在正文中提及关键词的时候不能过分堆砌，因为过多的关键词会使文案读起来不够通顺，反而会影响阅读体验。另外，如果被系统检测到堆砌关键词，就会被判定为营销广告，然后对笔记进行限流。

所以运营者应该控制关键词数量，一般情况下，关键词在正文出现3～10次是较为合适的，并且需要分段落、有层次地进行布局，出现位置分别为正文第一段、结尾和中间核心段落。

3. 结尾添加带关键词的话题

在笔记结尾处添加相关的话题，尤其是带有关键词的话题，可以进一步帮助平台准确判断这是一篇关于什么主题的笔记，进而推荐给对这些主题感兴趣的用户。

还是以这篇笔记为例，运营者在正文结尾处添加了"内耗""停止内耗""拒绝精神内耗""自律"等话题，对笔记中的关键词做了进一步的强化，有助于系统识别，如图5-5所示。

以上便是布局关键词的具体方法，运营者如果好好运用，就会发现笔记获得的流量将比之前明显增加，这就是关键词带来的流量加持。

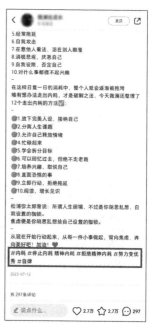

图5-5　正文结尾带关键词的话题

二、提高互动量

前文提到了笔记的互动量是推荐算法中的重要指标，会直接影响到平台分配给笔记的流量。

所谓互动量，其实就是指笔记被点赞、收藏、评论、转发的具体数量。笔记互动量越高，就代表着笔记受欢迎程度越高，系统就会认为笔记越优质，从而给予更多的流量。

那么，如何提高笔记的互动量呢？

首先，优质的内容本身就可以促使用户自发地进行互动，所以运营者还是要着力打磨笔记内容，提高笔记的可看性和价值感，这样一来就可以让用户愿意主动点赞、收藏、评论和转发。

其次，在做好内容的基础上，运营者还可以利用一些运营小技巧，来进一步增加用户的互动量。接下来分享三种常用的方法，分别是在笔记中引导、在评论区引导、在弹幕区引导。

1. 在笔记中引导

在笔记中引导指的是在笔记内容中设计指令，直接引导用户进行点赞、收藏、转发、关注等行为，这种方式可以激发一些"被动"的用户也进行互动，如此一来，笔记获得的互动量就更多了。具体的引导方式有以下三种。

（1）创造价值：不点赞就错过

当笔记内容十分有价值时，许多用户就喜欢点赞、收藏起来，带有"马克一下"的意味，也就是做记号、做标记，方便以后想看的时候能够快速找到。

因此，不少博主喜欢在视频的开头塑造笔记的价值，然后引导用户对笔记点赞、收藏或者"马克"起来。以我的一篇视频笔记为例，如图5-6所示。

由图5-6可以看到，我在视频开头展示了笔记的价值后，立马接上一句引导语"内容很干，记得点赞收藏！"这句话就告诉用户接下来讲的内容很干货，如果他们对笔记内容感兴趣，就会因为害怕错失价值而立即进行点赞、收藏，以作备用。

图5-6　视频中引导用户点赞收藏

这里也列举一些用"创造价值"的方式引导用户点赞和收藏的常用话术。

- 看到就是赚到，记得点赞收藏！
- 这期内容全是干货，先收藏起来，以后慢慢看。
- 先点个红心收藏起来，别到时候再找不着了！

（2）掏心掏肺：帮你安排好行动

除了用创造价值的方式，许多博主还会直接帮用户安排好行动，也就是告诉用户点赞、收藏内容之后接下来要去做的事，用户听完就有一种博主掏心掏肺、十分为自己着想的感觉，于是不知不觉就产生了互动行为。

以小红书上两篇爆款视频笔记为例，如图 5-7 所示。

图5-7　两位博主发布的视频笔记截图

第一篇视频笔记标题为"女明星美腿暴击，3招逆袭漫画腿，躺着就能瘦"，视频内容主要是分享瘦腿的方法。博主在视频开头说道："赶紧点赞收藏，练起来！"这句话就会让用户内心产生满满动力，有一种被规划好行动的感觉，迫不及待想要跟着博主练起来，于是不由自主地进行点赞、收藏。

第二篇视频笔记标题为"格局修养，8个思维特质，成为逆袭宝藏女孩"，视频的开头处博主说道："一定要收藏起来，反复提醒自己！"用户听到这句话，就会产生认同，觉得"确实需要反复提醒自己"，于是便会听博主的话，马上将笔记收藏起来。

这种引导方式非常自然和巧妙，因为它是将引导互动的指令，嵌入在用户接下来的行动规划当中，用户听完后重点会放在"接下来我要做什么"上面，会感觉博主掏心掏肺为自己好，不仅更加配合互动，而且还更容易对博主产生好感。

这里也列举一些用"掏心掏肺"的方式引导用户互动的话术。

- 赶紧点赞收藏，照着执行，你也能快速涨粉变现！
- 建议点赞收藏，每天拿出来看一遍，免得自己颓废摆烂！
- 赶紧 @ 你那个天天喊胖的闺蜜一起来学！

（3）求个鼓励：勇敢大胆求鼓励

除了在视频开头进行引导之外，视频的结尾也是一个引导互动的好机会，因为能把视频全部看完的用户，往往对博主非常认可，此时更容易产生互动行为。因此运营者可以充分利用视频结束前的几秒钟，大胆向用户求鼓励，引导他们关注、点赞收藏和评论，尤其是引导关注，是给自己快速增粉的好机会。

一位小红书博主的某篇爆款视频笔记截图，如图 5-8 所示。

图5-8　某视频笔记在结尾引导用户互动

由图 5-8 可以看到，博主在视频结尾时用直接求鼓励的方式说道："好啦，记得给我点赞、收藏、关注三连"，并且还设置了一个引导关注的片尾，这些操作都能一定程度提升笔记的互动量，不仅能增加视频热度，获得更多推流，同时也可以实现涨粉。

这里也列举一些用"求个鼓励"的方式引导用户互动的话术。

- 如果觉得有用，可以给我个小星星哦！
- 希望今天内容对你有用，记得关注我哦！
- 还有什么想听，欢迎评论区告诉我！

2.在评论区引导

笔记的评论是比点赞、收藏权重更大的互动指标，如果一条笔记获得了较高的评论数，那么就会很容易火爆起来。因此，我们在做好笔记内容的同时，也要做好评论区的运营。

运营者发布完笔记后，一定不能让评论区空着，自己要做第一个评论的人，用评论触发平台的算法机制，获得更多的推荐。更重要的是，如果第一条评论足够精彩，就可以带动用户产生更多评论的欲望。在一条又一条的评论中，一个个话题就会出现，评论区就会越来越热闹，就会有更多用户前来围观和参与，流量也由此产生。

因此，运营者可以提前准备好一条评论，等笔记发布后，就立即发表评论。不过，要想让这条评论产生"一马当先"的效果，为我们冲锋陷阵，博取更多的流量和更高的关注度，还可以使用以下四种技巧。

（1）抛出问题

运营者可以在评论区抛出一些有互动性的问题，引导用户留言评论，比如"这次小长假你们都去了哪里？""大家还收藏了哪些宝藏博主呀？""下期大家想看什么？请在评论区告诉我"等。

抛出的话题只要互动性强，跟大家的生活息息相关，用户便会十分乐意在评论区回复博主的问题，这样一来评论量自然就会增多了。

比如，小红书某位博主发布了一篇标题为"央视力荐的70本书，认真看完脱胎换骨"的笔记。通常情况下，用户读完这类信息量大的笔记，更倾向于点赞收藏，而不会产生太大的评论欲望。于是作者在评论区抛出了一个互动性话题"大家有推荐的书欢迎在评论区一起分享哦"，这就激发出大家的表达欲，于是纷纷在评论区留言分享自己喜爱的书。这样不仅增加了评论数量，而且也让评论区充满了相互分享的友好氛围，如图5-9所示。

图5-9　某篇爆款笔记的评论区截图

（2）主动帮忙

主动帮忙是指利用自己擅长的技能，在评论区主动为用户提供一些帮助，从而引导大家来参与。

我发布的一条主题为"小红书运营干货"的视频笔记如图5-10所示。当时发布完视频后，我便在评论区留下了一条评论"老规矩，新博主流量不好，涨粉慢，可以评论区留言，我帮大家看号，粉丝宝宝优先哦"，表示自己可以主动帮大家诊断账号，于是看过视频的用户都纷纷留言求看号，很快就有了800多条评论。评论区的火爆也进一步推动了视频的播放量，加快了涨粉速度。

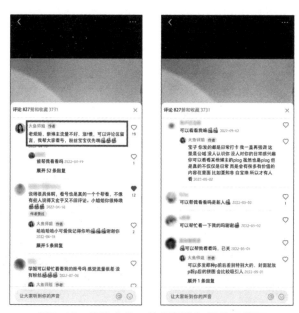

图5-10　我发布的一篇视频笔记评论区截图

再比如，一位减脂博主发布了一篇图文笔记，在评论区她置顶了一条自己的评论："姐妹们，评论留下高和重，看下你还有多少空间哈"，这就表示她会帮大家根据身高判断其是否需要减肥，于是许多用户都在评论区留下了自己的身高和体重，最终笔记获得了2000多条评论、1.5万个点赞和近1万个收藏，如图5-11所示。

所以，大多数领域的运营者都可以结合自己的定位和笔记主题，为用户主动提供一些力所能及的帮助，这就会让他们纷纷参与留言互动，极大地带动评论区的热度，从而让笔记获得源源不断的流量。

（3）设置金句

在评论区设置金句也是常用的维护评论区的方式。精辟有力的金句，会瞬间让用户产生情感共鸣，激发他们的参与感。

比如，小红书上某博主发布了一篇主题为"改掉自卑"的视频笔记。在评论区里，博主写下了不少金句，例如"越扭捏越失去，越嚣张越拥有！""也许你不够完美，不够漂亮，没有好的家境、学历，但这些都不影响你有资格追求这个世界上所有美好的事物"，如图 5-12 所示。

图5-11　在评论区主动为用户
提供帮助的示例

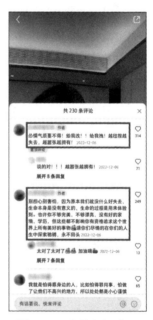

图5-12　在笔记评论区
留下金句的示例

这些有力的金句，可以给用户满满的正能量和希望，同时激发出大家的共鸣和表达欲，因此许多用户为该评论点赞，并表达了自己的赞同，引起了评论区的广泛讨论。

所以，运营者可以结合笔记的主题，在评论区补充一些精辟有力的金句，来激发大家的参与感。

（4）引导许愿

引导许愿是指引导用户在特定的主题下去许愿，或者在评论区接好运等。许愿是大多数用户都非常喜欢的一件事，毕竟人人都希望好事发生，因此大多数情况下只要发起许愿，用户的参与效果就会很好。

图 5-13 为我发布的一条主题为小红书变现经验的视频笔记。发布完视频后，我便发布了一条评论"新手博主们，麦克风交给你们，大声喊出'我要涨到 1000 粉'，给自己打打气"，引导大家在评论区许愿。于是许多用户都主动留言许愿，希望自己尽快涨到 1000 粉，评论量就自然而然地增多了。

因此，运营者可以举一反三，在评论区发起跟笔记主题强相关的许愿仪式，带动大家接龙许愿。比如写孕产经验的笔记，可以在评论区说："接产检一路绿灯，宝宝一切顺利"；再比如，写求职经验的笔记，可以在评论区说："接好运，我会面试成功拿Offer！"而用户看到这些美好的许愿语就会自动加入，笔记评论区也就会从"冷冷清清"迅速变得热闹非凡。

以上就是几种利用评论区提高互动量的方式，运营者可以根据自身情况灵活使用，同时也要及时回复用户的评论，这样就可以大大增加笔记的热度和流量推荐。

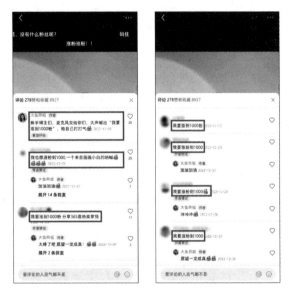

图5-13　在笔记评论区引导许愿的示例

3. 在弹幕区引导

弹幕是以字幕形式出现在视频上方的留言，所有观看视频的用户都可以看到弹幕内容。弹幕数量是视频笔记特有的一个互动量指标，弹幕数较高的视频，也更容易被系统判定为优质视频，因此运营者也可以多引导用户发送弹幕，从而提升视频热度。

比如，我就在《普通收入年存10万，3个存钱法》这篇视频笔记的开头发起呼吁："在公屏打下'我要变富婆'，一起悄悄变有钱！"结果，很多人都在弹幕或评论区打出了"我要变富婆"几个字，产生了较高的互动效果，如图5-14所示。

常见的引导弹幕话术如下。

在公屏打下……

你们也有××困扰……有的话弹幕扣1……

图5-14　在视频中引导弹幕的示例

以上就是利用平台算法引爆流量的两种方法。运营者一定要学会利用算法增加爆款概率，提高自己的笔记和账号流量，只有先被更多用户看见，才有涨粉的可能性。

 价值涨粉：塑造长期价值，加速转粉效率

前文提到，想要快速涨粉，就要多出爆款。的确，爆款是涨粉最直接的因素，但事实上，并不是所有的爆款都一定能达到涨粉的目的。

还原一下我们关注一个账号的场景：我们在首页看到一篇很感兴趣的笔记，看完后觉得不错，这个时候，我们就会对账号产生好奇，会是一个什么样的账号能做出这样的笔记呢？于是我们会点击账号头像进入主页，看看账号简介，再点开其他的笔记进行浏览，如果连续看几篇都觉得很好，就会选择关注，如果觉得不喜欢，便会直接退出，不会关注。

从这个场景中不难发现，用户关注一个账号，并不是单靠某一篇爆款笔记，而是由账号的整体价值决定的。只有用户感觉到这个账号有长期的价值，对账号后续的更新有所期待，才会选择关注。因此，想要快速涨粉，我们需要提高账号的长期价值。

下面为大家介绍塑造账号长期价值的几种方式。

一、简介凸显高价值

用户点击头像进入主页后，首先会看账号的主页信息，包括名字、头像和简介，尤其是个人简介，用户会认真阅读并判断账号是否有关注的价值。

因此，我们一定要在简介中清晰地凸显出账号的价值所在，给用户一个马上关注的理由。

比如我的小红书主页，就凸显了自己"小镇单亲女孩""努力逆袭""从国企管理到自媒体创业 3 年"等身份特征，以吸引有共鸣的用户群体；同时说明账号会分享运营干货、搞钱攻略、女性成长等方面的内容，如果用户对这些内容比较感兴趣，便会选择关注，如图 5-15 所示。

图5-15　在简介中塑造价值的示例

二、尽快增加作品数

尽快增加作品数，也可以增加账号的长期价值。因为用户进入一个账号主页进行翻阅时，看到账号发布的作品数量越多，就会感觉越有价值。

举个例子，假设有两个美妆账号，其发布的笔记内容几乎一样。但是其中一个账号有50条笔记，而另一个账号只有1条笔记。当这两个账号出现在你的面前时，你更愿意关注哪一个呢？

显而易见，我们肯定会优先选择关注有50条笔记的账号。因为相比之下，这个账号拥有更多的笔记，我们能看出它在不断更新；就算不更新，50条笔记也够我们看一段时间。反之，如果账号只有一条笔记，就算这条视频做得非常精致，那么用户也会觉得只要收藏起来就足够了，没有必要关注这个账号。

事实上，新账号在刚开始更新的时候，涨粉速度较慢，很大一个原因就是账号作品数量太少，还不足以激发用户关注的冲动。所以我们前期最好尽快做出 10 篇左右的笔记，快速更新在账号上，且更新的速度越快越好。这是为什么呢？很简单，假设以更新 10 篇笔记为标准，如果一个新账号每周只更新两篇笔记，那就意味要用一个半月才能营造出长期价值，时间显然太长；但如果这个新账号每天更新一篇，那么只需要 10 天就能营造出长期价值，涨粉速度自然就会加快许多。

所以，我们可以在一开始先囤一些笔记，提高发布频率，尽快增加主页的作品数量，之后再降低更新频率，也是没问题的。

三、提高内容垂直度

在小红书上经常会见到这种情况：一篇笔记的点赞数高达几千，点进账号主页一看，笔记数量也不少，但粉丝才几十个。出现这种情况，极有可能是账号发布的内容不垂直，虽然有一些笔记内容达到了爆款级别，点赞、收藏数很多，但用户进入主页后，发现账号没有定位，发的内容乱七八糟，自然不会关注博主。

这也是我在一开始就强调确定好账号定位的原因，账号只有定位在某个垂直领域，才能围绕这个定位输出一系列内容，用户才会觉得有价值，毕竟谁都不愿意关注一个杂乱无章、定位不清的账号。

另外，运营者也要注意，不要盲目地蹭一些名人、新闻等热点，因为胡乱蹭热点可能会让笔记爆火，但是涨粉效果并不会太好。

比如小红书上某账号，发布了不少关于名人的笔记，例如谷爱凌、孟晚舟、何超琼等，都收获了很高的流量，其中，一篇关于谷爱凌的笔记点赞量高达 3.4 万，如图 5-16 所示。

图5-16　小红书某账号主页截图

由图 5-16 可以看到，这个账号获得点赞和收藏总数为 4.6 万个，粉丝数为 235 个。这意味着有 4.6 万人给博主进行过点赞或收藏，但其中只有 235 人关注了博主，转粉的效率是极低的，因为大家都是奔着名人和热点来的，和博主本身的关系不大，自然也就不会关注博主。

因此，一个账号的内容垂直度是涨粉的关键。想要提高涨粉效率，运营者需要规划好账号的定位，产出垂直且有价值的优质内容。同时，不要胡乱蹭一些跟账号毫无关系的热点、名人故事等，还是要坚持在自己的领域深耕下去，释放出独特的价值，这样才能让用户愿意关注和追随。

四、赋予内容连续性

除了简介凸显高价值、尽快增加作品数和提高内容垂直度之外，我们还可以给内容赋予连续性，也就是把内容按照分集的形式输出，让内容像连续剧一般，这样一来用户就会对接下来的内容产生期待和好奇，忍不住想要"追更"，便可以借此吸引用户关注。

小红书上两个设计了内容连续性的账号主页，如图5-17所示。

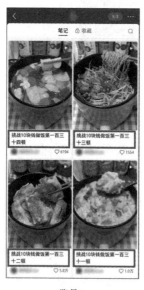

图5-17 在账号中赋予内容连续性的示例

由图5-17可以看出，账号1是一个美食类账号，跟普通美食账号不同的是，这个账号以"挑战10块钱做饭"为主题发布系列视频，每条视频的标题都有"挑战10块钱做法"这几个字，并标注"第几顿"，用户看完一条视频后，就很想知道博主下一顿会做什么菜，于是就会选择关注。

账号2是一个写作类账号，博主除了输出写作类的干货之外，还巧妙地设置了一个"跟着房琪学写作"的主题，然后围绕这个主题输出笔记，并在标题中标注了序号，如①、②、③等，让用户一看便知道博主在连续性地更新这个系列。如果用户对这个系列有兴趣，就会十分期待后续的内容，自然而然就会关注博主。

第三节 人设涨粉：打造吸睛人设，迅速吸引关注

账号是否有人设，也会对其涨粉速度产生较大的影响。所谓账号的人设，就是账号看起来像一个个性鲜明的人。有人设的账号，更加真实、鲜活，有温度和亲切感，涨粉能力自然更强。无人设的账号冰冷、呆板，同质化严重，很难激发用户的兴趣和关注。

举个例子，小红书上两个图文类账号，都是以"女性成长"为定位，且都有产出大量爆款内容，获得的赞与收藏都是29万，如

图 5-18 所示。

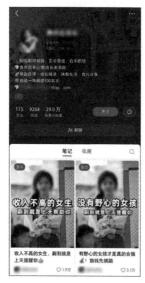 

账号1   账号2

图5-18 两个以"女性成长"为定位的账号主页截图

按理说，两个账号在内容定位、内容形式和获赞藏数量都十分相近的情况下，粉丝数应该不相上下才是，但事实上，两个账号的粉丝量却相差甚远。由图 5-18 可以看到，账号 1 只有 9264 个粉丝，而账号 2 却有 8.9 万粉丝，相差近 10 倍，这是为什么呢？

其实仔细观察两个账号就不难发现，账号 1 虽然产出了许多优质的爆款笔记，但大多是用明星、名人照片作为封面，然后用高密度的干货内容作为正文。这类笔记虽然满足了用户获取内容的需求，很容易火起来，但是用户看完笔记，点击账号主页，就会发现博主的人设不突出。尽管博主在简介里写了自己的信息，但在整个账号中却找不到任何博主本人的痕迹，甚至连头像都是明星照片，用户就会觉得这只是一个面目模糊的工具号，不会产生关注博主的兴趣。

而账号 2 明显更有个人风格。博主在笔记封面中大量展现了自己学习、工作、健身等各种场景的照片，同时利用"38 岁我决定重养自己一遍"等凸显人设的标题，将一个 38 岁的励志女性形象生动地呈现在用户面前。用户看到这个账号，就会觉得账号的真实感更强，人设感更足，会对博主本人产生浓厚的兴趣，继而选择关注。

因此，打造吸睛的人设也是涨粉的重要因素。下面介绍打造账号人设的几种方式，以便帮助运营者打造更具辨识度和人格化的账号，从而增强涨粉力。

一、反复"刷脸"

在账号中反复"刷脸"，对于人设塑造是非常关键的。因为在互联网上，用户无法透过手机屏幕直接看到运营者本人，只能通过账号内展示的信息来了解博主。如果博主在账号里面能够将自己充分地展现出来，反复"刷脸"，例如秀自己的照片、真人出镜拍摄视频、用文字介绍自己等，用户就可以快速从视觉上感知到博主的存在，账号也就有了人格化魅力。

下面介绍几个适合博主"刷脸"的黄金位置，运营者可以充分利用起来。

一是笔记封面及内页。运营者可以在笔记封面和内页中多放置自己的照片，因为相比于文字描述，照片更具视觉冲击力，多晒照片更有利于在用户心中留下深刻印象。

比如，小红书上博主"严慌慌"就以自己的真人照片作为封面图片，如图5-19所示。这样用户一进入账号就会迅速被封面上的图片所吸引，并且通过图片风格和氛围，初步感受到博主是一个安静、努力的知识分子型女生，有利于吸引对其感兴趣的用户。

如果运营者不方便真人出镜，也可以拍摄一些真实的图片，比如工作场所、书桌、不露脸的照片等，这些照片同样可以为账号增添真实感和独特性。

图5-19　小红书账号"严慌慌"的账号主页

二是笔记正文开头和结尾处。用户在浏览笔记的过程中，如果每次阅读都能看见关于博主人设特点的介绍，那么无形之中就会强化博主在用户心中的印象。

比如小红书上一篇标题为《做一个会接话的女生，真的 yyds，高情商》的笔记，博主在正文开头和大家打招呼："哈喽，我是××"，这句话就提到了自己的昵称；接着博主又在正文结尾处设置了一段文案，再次点明自己的昵称，介绍自己是谁，然后告诉大家自己会持续分享哪些干货内容，最后引导大家关注，如图5-20所示。

博主在每篇笔记的开头和结尾都会设置这样的话术，向用户反复强调自己的昵称及人设特质，从而会更容易让用户对博主本人产生关注的兴趣。

图5-20　包含自我介绍的笔记正文

二、多分享故事

讲故事是打造人设的绝佳武器。因为通过讲述自己的经历和故事，可以让用户知道你是做什么的，你有过什么样的经历，那么用户就可以大致了解到你是个什么样的人。有了真实鲜活的故事，会更容易让用户对你这个人产生深刻的认知。

小红书博主"维尼妈咪Joy简"发布了一篇标题为《当妈一年后，我才明白的5个道理》的笔记。博主在笔记中分享育儿心得时，融入了许多自己在育儿路上的真实经历，这些经历极大地引起了用户的共鸣，同时也能够让用户更加了解博主，从而产生亲近感，如图 5-21 所示。比起那些干巴巴分享干货知识的账号，用户自然更加愿意关注这样有血有肉、人设鲜明的账号。

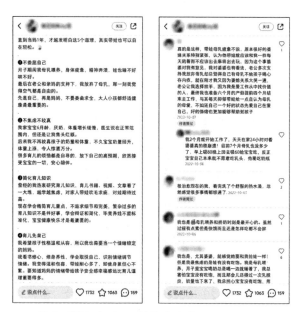

图5-21　博主"维尼妈咪Joy简"发布的一篇笔记及评论区截图

因此，运营者在创作内容时，一方面，可以围绕自己的人生经验，做一些故事类的选题，比如"我的十年故事""我的创业经历"等，讲述自己的独特故事；另一方面，还可以在干货经验笔记中，适当融入自己的亲身经历，增加笔记的温度。

三、表达价值观

所谓价值观，是指我们内心所相信和坚持的，或者我们对待世界、对待生活、对待某件事的态度。有句话叫作"始于颜值，忠于价值"。因此，价值观也是人设的底层逻辑。

回想一下，我们在生活中喜欢一个人，很多时候是喜欢这个人的优秀品格和为人处世的方式，而这些恰恰就是价值观的体现。遇到价值观跟自己匹配的人，我们就会产生强烈的认同感。在互联网上也一样，博主如果能够通过作品输出好的价值观，就会吸引到更多的粉丝。

比如，小红书博主"TJandClaire"发布了一条标题为"美的人不一定自信，但是自信的人一定美"的视频笔记，如图5-22所示。在这条视频中，博主表达了自己鲜明的价值观："只有我觉得我很美，别人才会觉得我很美，只有我喜欢我自己，别人才会喜欢我。"她鼓励女孩们不要被世俗的看法所定义，要勇敢地活出自

图5-22 博主"TJandClaire"发布的一条视频笔记及评论区截图

我。用户哪怕是第一次刷到这位博主的视频，在观看完后也能迅速感受到博主是一位自信笃定、温暖明亮、正能量满满的女性，从而对博主产生强烈的喜爱之情，自然就会成为博主的粉丝。

因此，运营者可以勇敢地表达自己的观点态度，输出正向的价值观，这将成为账号圈粉的利器。

第六章

高效运营：
持续提升账号流量

　　想要持续地提升账号流量，除了要有优质的内容、清晰的人设，还需要高效的运营策略。运营涉及多个方面，博主需要做好笔记发布、内容更新等日常运营工作，还要懂得利用数据分析来复盘经验和优化内容，并合理利用工具来提升运营效率。本章将从笔记发布、数据复盘、AI 开挂玩法和运营避坑四个维度详解如何做好账号运营。

第一节　笔记发布：这样发笔记更容易上热门

　　笔记发布这个环节常常会被新手忽视，甚至有人会说，发布笔记能有什么难度？不过就是动动手指，点几个按钮的事情。然而，正是这看似轻松的一步，却有着至关重要的作用。

　　即便是优质的笔记内容，如果发布的时候过于随意，可能也会被埋没。因此，运营者除了要重视笔记质量，也要做好发布环节的工作，才能有效提升作品的热度。

　　下面介绍一些小红书平台发布笔记的操作方法和技巧，包括笔记发布的黄金时间、笔记发布的五个步骤、笔记发布的三个技巧、稳定更新的四个方法。

一、发布笔记的黄金时间

　　选对发布时间，往往可以取得事半功倍的效果。一般来说，用户使用手机的高峰期有以下几个时间段：7:00—9:00、12:00—14:00、16:00—18:00 以及 21:00—23:00 和周六、周日。在这些黄金时间段发布笔记，比较容易获得高点击率。

　　但具体选择哪个时间段，运营者可以从以下两方面考虑。

1. 考虑用户群体的作息

　　如果账号面向的用户群体是某一类精准人群，如宝妈、学生、职场人等，那就可以根据他们的作息时间和行为习惯，选择他们习惯使用手机的时间段来发布。

比如，某账号的用户群体主要是学生，那么平时就更加适合在晚上发布笔记，因为学生们白天都在教室上课，没有太多条件和精力"刷"手机。而晚上回到宿舍或家里，才能放松下来浏览内容。但在寒、暑假期间，学生们恢复"自由"，发布时间就不会受太大限制。所以，运营者要深入掌握用户群体的作息习惯，才能推测出较为合理的发布时间。

2. 考虑内容的题材方向

人们在不同的状态下，喜欢看的内容题材也不同。因此，运营者需要判断笔记所属的题材在什么时段发，大家更愿意去点击阅读。

如果是学习类的内容，就适合早上发布，因为这个时段大家很愿意接受一些新知识，开启提神醒脑的一天。如果是情感治愈类的内容，最佳发布时间就是 21：00 后，因为大家白天辛苦工作了一天，睡前正是心灵需要放松的时候，这时很容易被一些情感治愈类的内容所触动。

当然，如果是关于热点类的内容，就不需要再去纠结内容发布时间的问题了。蹭热点最重要的就是时效性，越快发布，越能够抢占先机。

关于发布时间，其实并没有统一正确的标准。没有最好的发布时间，只有最适合自己的发布时间。因此，在运营账号的过程中，运营者也可以多尝试在不同时段进行发布，看看发布效果有何区别，有没有哪个时间段的效果特别好，从而找到适合自己的发布时间。

二、发布笔记的五个步骤

小红书发布笔记的流程十分简单，打开小红书 App，点击底部任务栏中红色的"＋"号，可以选择直接拍摄照片或视频，或者从相册中选取已有的素材，便可以进入笔记发布界面，如图 6-1 所示。

图6-1　小红书发布笔记的路径

如图 6-1 可见，在笔记发布界面中还有一些编辑选项，运营者需要认真进行设置后，才能发布笔记。接下来详细介绍编辑的步骤。

1.填写标题和添加正文

在发布之前，我们需要先填写笔记标题，出彩的标题可以提升笔记的点击率，注意标题字数不得超过 20 字，且需要包含关键词。

接着我们要添加正文，如果是图文笔记，就将写好的笔记全文复制并粘贴在正文编辑框，然后按照3.2.2节的排版技巧进行排版；如果是视频笔记，正文就不必写太多文字，因为用户主要是看视频，此处的描述只是辅助说明，只需要用精简的文字概括视频核心内容即可。正文字数不能超过1000字，同样也要多次提及关键词。

2. 添加话题和 @ 用户

编辑好正文后，点击"# 话题"按钮，可以添加与笔记主题相关的话题。话题的选择原则有两个，一是和笔记主题高度相关，如果和主题关联性不大就不要选；二是浏览热度高，浏览人次少于10万次的话题不要选。

具体如何操作呢？首先，运营者点击"# 话题"，输入跟笔记相关的核心关键词，如"育儿"，此时就会出现一系列的相关话题，那么就可以选择和笔记主题高度相关且浏览热度较高的话题，如"育儿""辣妈育儿经""育儿分享"等，如图6-2所示。

图6-2　在笔记中添加话题的方法

话题旁边还有一个"@用户"，使用的场景主要有两种。第一，如果笔记是与其他某位博主相关的，就可以@对方，这样对方能够收到消息，用户也可以点击博主的@跳转到对方主页；第二，当发布的笔记参与了官方活动时，可以按照活动规则@相应的官方薯，便于官方发掘和评选活动中的优质内容。

3. 添加商品/门店推广

接下来是"添加商品/门店推广"，里面包括关联专栏、商品合作和探店合作三个功能，如图6-3所示。

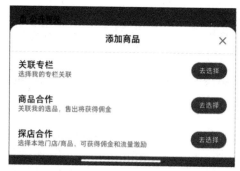

图6-3 点击"添加商品/门店推广"后的菜单选项

博主可以根据自己的需求，在笔记中添加专栏、商品或门店，添加成功后就会以小卡片的形式显示在笔记的左下方，用户看完笔记后如果被种草，就会点击小卡片进行浏览或购买。这些功能都是与博主的变现相关联的，详细的操作会在第七章为大家进行介绍，这里就不过多展开了。

4. 添加地点

如果运营者发布的是旅行、探店类笔记，或者是线下门店的商家需要为门店做宣传，吸引同城顾客，那么建议在发布笔记时添加地点，这样平台就会把笔记推送给更多同城用户浏览，从而提高笔记曝光的精准度。

5.高级选项

在发布界面的下方有一个"高级选项"，点开可以看到以下选项，如图 6-4 所示。

图6-4　高级选项中的菜单

高级选项里的功能在初级阶段使用得比较少，前期比较常用的功能主要有内容合作、加入合集和定时发布。

内容合作需要博主粉丝数量达到1000，并入驻蒲公英平台成为品牌合作人之后才能使用。当博主在蒲公英平台接到品牌广告后，在发布合作笔记时，就要在这里绑定品牌合作的订单。

加入合集指的是运营者可以创建不同的笔记合集，在发布新笔记的时候，便可以使用此功能将笔记直接归类到合集中，这样笔记一经发布就自动到合集里了。

定时发布的功能也十分方便，运营者如果不想立即发布某篇笔记，可以提前为笔记设置一个未来发布的时间，然后提交，待审核通过后，到了指定时间笔记就会自动发布。

三、发布笔记的三个技巧

光学会笔记的发布步骤是完全不够的，运营者还应该掌握各种发布技巧，才能让笔记在发布后更契合平台的推荐机制，从而获得更好的效果。

1. 发布前查询敏感词

每篇笔记发布后，系统都会进行审核，如果笔记中包含违规内容，则会被判定违规或限流，直接影响笔记的流量曝光。因此，运营者在发布笔记前，最好检查正文内容是否含有违规词或敏感词。推荐运营者使用"零克查词"这个工具进行敏感词查询。

手机或电脑打开浏览器搜索"零克查词"，找到其官网（http://ci.lingke.pro）并点击进入，在文本框中输入需要检测的文案，单击下方的"立即检测"按钮，几秒钟后就会显示检测结果，如果有违禁词、敏感词，会对其进行红色或黄色的标记显示，如图6-5所示。

对于这些违规内容，运营者要马上删除，或者用字母、谐音字、符号等进行代替，以便通过平台的审核。

2. 发布时善用笔记灵感

博主发布笔记时，可以利用小红书的"笔记灵感"功能，跟随官方的热点风向，为笔记"蹭"流量。

图6-5　使用"零克查词"查询敏感词的方法

具体如何操作呢？进入小红书主页，在下方导航栏选择"我"，点击左上角三条杠，选择"创作中心"，就可以看到"笔记灵感"，分为"推荐""户外""校园""职场""生活碎片"等类目，每个细分类目下都有不同的话题，如图 6-6 所示。

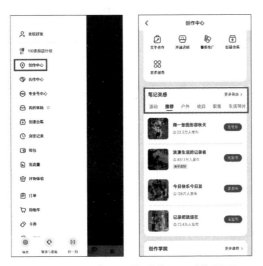

图6-6　创作中心里的"笔记灵感"界面

运营者可以从中选择和笔记主题比较契合的话题，点击"去发布"，就可以参与话题，有机会瓜分平台流量，提高笔记上热门的概率。

3. 发布后做好冷启动

笔记发布成功后，系统会先分配一小部分流量，此时看到笔记的用户还很少，笔记就会显得十分冷清，这个阶段被称之为"冷启动阶段"。

此时，运营者千万不能坐视不理，因为平台会根据笔记在冷启动阶段中的数据表现判断笔记是否优质，决定是否进行下一步推流。所以，运营者需要想办法做好笔记的冷启动，提高点赞、收藏、评论等数据，以便获得更多的推荐。

那么，具体怎么做好笔记的冷启动呢？笔者不建议直接将笔记转发到社群或朋友圈引导朋友点赞，因为朋友是通过外部链接进入该篇笔记，不属于笔记在平台内的自然曝光，可能会被系统认为有"作弊"的嫌疑。

更好的做法是在发布笔记后，找 5 ~ 10 个朋友在小红书搜索该笔记中的关键词，然后选择"最新"，搜索到该笔记后进行点赞、收藏、评论，增加笔记的基础数据。尤其是可以故意留下一些"神评论"，进一步提高用户互动。

以上便是发布笔记时的一些实用小技巧。运营者灵活使用这些技巧，可以帮助笔记得到更高的曝光量，从而获得更好的效果。

四、稳定更新的四个方法

想要运营好一个账号，稳定持续地更新内容十分重要。如果运营者总是"三天打鱼，两天晒网"，这一周努力更新好几篇，下一周却一篇也不更新，就不容易持续性地获得流量和涨粉。

但对于许多新手运营者来说，想要实现高频更新，还是存在一定难度的。一方面，新手创作内容还不够熟练，每次制作笔记需要耗费大量时间；另一方面，许多运营者是利用业余时间兼职做账号，每天能抽出来的时间也很有限，一旦时间不够用，就很容易出现"断更"的情况。

那么，运营者如何才能克服这些问题，实现高效且稳定的更新呢？下面分享几个实用方法，希望给运营者一些参考。

1. 设置更新频率

确保账号稳定更新的第一步就是设置更新频率，保持固定的更新频率，有助于提高账号的活跃度和稳定性。

但提到更新频率，许多人都会有这样的疑问：账号一定要日更吗？一周发几篇笔记比较好？其实这应该根据自己的实际情况来决定。

如果创作者想快速起号，且笔记制作简单，就可以保持日更；如果时间精力有限，或者笔记的生产周期比较长，做不到日更，那就保持周更，比如一周三更或一周两更，这样既能避免因日更的压力而导致笔记粗制滥造，又能避免更新太慢而导致粉丝流失。如果还是觉得有难度，那就一周一更，一边稳定输出，一边提升创作内容的熟悉度，等熟能生巧之后，再逐渐提高更新频率。

关于更新频率，运营者一定要结合自己的实际来安排。不必看着别人日更，就觉得自己也一定要日更，如果时间精力的确跟不上，逼迫自己日更，会把自己搞得很痛苦，就不能长久地坚持下去。运营账号打的是一个持久战，走得稳稳当当的就好，不用去刻意追求日更和发布数量，持续稳定比突然爆发更重要。

2. 确定更新计划

保持账号稳定更新的第二个方法是提前规划好账号每周的更新计划。因为人始终是有惰性的，即便我们一开始动力满满，但如果没有设置明确的安排，那么就容易拖延，导致效率低下。有了计划的约束，我们才会拿出那股冲劲儿，按部就班完成创作，确保"按时交货"。

因此，运营者可以根据账号的更新频率，提前规划好下一周的更新计划，明确分配好哪一天发什么选题。图6-7为我的账号在2022年4月份第一周和第二周的更新计划。

			4月账号更新计划表			
序号	栏目	选题	计划更新日期	是否完稿	文案链接	是否正常发布
第1周	女性成长	3招保持清醒 拒绝恋爱脑	2022年4月4日 星期一	是	shimo.im/docs/913JVBpl7vC	是
	女性成长	10招修练气场 做个不好惹的人	2022年4月5日 星期二	是	shimo.im/docs/m8AZVjaoKD1	是
	女性成长	做个情商力女孩 真的太爽了	2022年4月6日 星期三	是	shimo.im/docs/R13j8KYLNru	是
	职场干货	女生职场撑腰行为 千万别嫌	2022年4月7日 星期四	是	shimo.im/docs/m4kML w14K1t	是
	职场干货	30岁才懂的6个职场道理	2022年4月8日 星期五	是	shimo.im/docs/yOMWLneu0c	是
	女性成长	做个表达力超强的女生！3招践行 狠狠练	2022年4月9日 星期六	是	shimo.im/docs/47kgJ5QKKd5	是
	运营干货	新手做小红书 日更 涨粉经验分享	2022年4月10日 星期日	是	shimo.im/docs/913JVwKO2B	是
第2周	职场干货	职场8年，我憋不了！这10个道理越早明白越好	2022年4月11日 星期一	是	shimo.im/docs/0qgeW6yORga	是
	女性成长	5个沟通技巧！秒变高情商 收获好人缘	2022年4月12日 星期二	是	shimo.im/docs/R13j8RvGM8T	是
	职场干货	永远不要跟同事说的话！小心吃大亏	2022年4月13日 星期三	是	shimo.im/docs/KlkKVyx/Yyhf	是
	女性成长	高情商书单｜女生必看的4本自我提升好书	2022年4月14日 星期四	是	shimo.im/docs/5xkGMyz0lVfa	否，调整为《帮粉丝看号》
	职场干货	3个扭扭捏捏技巧 软件子必学	2022年4月15日 星期五	是	/shimo.im/docs/47kgJ555rXfi	是
	女性成长	普通收入年存10w！3个存钱技巧，做成小富婆	2022年4月16日 星期六	是	shimo.im/docs/wV3VVRMMyG	是
	女性成长	给20多岁女生的7条人生建议，少走弯路	2022年4月17日 星期日	是	shimo.im/docs/KlkKVybxQeS	是

图6-7　账号更新计划示例

在制订更新计划的时候，不必拘泥于形式。可以用 Excel 列表格，也可以用 Word、备忘录列文字，甚至写在纸上都是可以的，关键是要清晰明确地规划出下周的更新任务，这样就可以推动自己的创作进度。

需要提醒的是，计划并不是死板的，比如有临时性热点出现或者有其他想优先创作的选题时，可以随时进行灵活调整。

3. 合并同类工作

许多新手制作视频的流程是这样的：写好一条文案，然后去布场景，调设备，进行视频拍摄，最后完成剪辑，接着再写下一条文案、拍摄、剪辑，循环往复。这样做看似按部就班，但其实无形中浪费了不少时间，比如，每次拍摄前都要重新布场景、调设备以及进入状态，会造成许多时间浪费。

更高效的做法是，确定3～5个要做的选题，先利用碎片时间集中搜集相关的素材，初步进行构思，然后利用大块时间一次性写好3～5条视频文案，并一次性完成拍摄工作，最后再进行集中的剪辑、发布。通过这样量产视频的方式，可以提高创作效率。

4. 建立素材仓库

想要长期创作内容，工作量并不小，如果每次都是依靠灵感和临时查找资料，效率自然就很低。因此建立自己的素材仓库，便于创作时随时调取内容，就能够大大提高创作效率。素材仓库分为三类，分别是文案库、图片库和灵感库。

文案库用于积累一些优质的文案素材，比如平时在各个平台看到的吸睛标题、精彩文案、金句等，都要及时记录下来，并随时随地更新。建立起文案库后，还要利用碎片时间，多去读这些优质文案，同时多思考"它使用了什么技巧，我应该怎样去借鉴"，多去总结普遍适用性的套路。俗话说"熟读唐诗三百首，不会作诗也会吟"，当我们见得多了，思考得多了，写文案的功底自然就会提升。同时，当自己写文案词穷的时候，也可以拿出来浏览一番，激发自己的灵感。

图片库包括封面图、内页图、高质量美图等，可以在手机中建一个单独的相册用于图片存放。平时看到小红书上优质笔记的封面图、内页图，就可以及时保存起来，当自己需要作图时，可以从中快速挑选出好的封面图或内页图，借鉴模仿其版式设计等，提升作图的效率和质量。此外，如果作图需要使用大量的背景图片，那么平时就要注意积累，利用碎片时间到图片网站上搜集、保存一些喜欢的图片，便于作图的时候直接使用，这样的话就可以节省不少时间。

灵感库是记录保存自己突发的灵感。很多时候，灵感不是我们坐在电脑前冥思苦想的时候产生的，而是在我们做饭、看电影、跟朋友聊天时突然间蹦出来的。比如突然想到一个与众不同的观点，或者想到标题可以怎样写、选题可以怎样做等。这些灵光乍现的东西都非常宝贵，一定要快速记录，否则稍纵即逝，等到过后再去回想，就什么都想不起来了。所以哪怕没时间，也要赶快写下几个关键词，等有时间了再去整理和补充细节。

以上便是建立素材库的方法，运营者用上这些技巧，就可以积累丰富的素材资料，便于创作时快速查找和引用，产出内容会更加省时省力，也更加高效和稳定。

第二节 数据复盘：用数据分析助力账号成长

要想成为优秀的小红书运营者，除了做好日常的笔记发布和内容更新之外，还要学会对账号运营数据进行分析和复盘。从某种意义上来说，数据就是我们运营工作的一面镜子，它可以直观、理性地告诉我们，工作中哪里做得好，哪里做得不足。学会看懂数据背后反映出来的问题，并进行针对性改进和优化，账号才会越做越好。

下面为大家介绍做好数据复盘的两个方法，一是看懂后台数据，实现精准优化；二是利用复盘表格，总结运营经验。

一、看懂后台数据，实现精准优化

小红书后台的数据中心，为博主提供了较为全面的数据分析，当账号粉丝满 50 个后就可以查看。打开小红书，在下方导航栏找到"我"，点击左上角"≡"，进入"创作中心"后，点击"数据中心"进入后台，这里分为账号概览、笔记分析、粉丝数据三大板块，如图 6-8 所示。

1. 账号概览

账号概览板块展示了账号近 7 日和近 30 日的账号基础数据、观众来源分析、官方奖励曝光等，方便运营者对相关数据进行总览。

其中，运营者最应该关注的是账号基础数据，这里显示了账号近 7 日和近 30 日的观看量、互动量和转化量，以及与上一周期相比上升了多少比

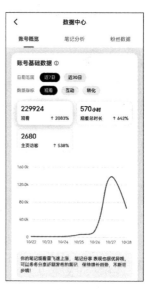

图6-8 数据中心界面

例，还是下降了多少比例，都有清楚的呈现。

这几项数据能够反映出账号的流量高低，比较理想的状态就是整体稳定，趋势上升。当然，平台流量也是波动的，有时有少量下降也是很正常的，但如果下降幅度太多，运营者就要引起注意了。

比如，账号近 7 日的观看量较上周降低了 50%，这就属于流量大幅度下降，需要马上总结原因，可能是发布内容太少、选题不够吸引人、内容质量不够优质等，在接下来的运营中，就要注意改进优化，争取提升观看量。

2. 笔记分析

笔记分析板块展示了近半年内所发布笔记的数据情况。运营者点开一篇笔记，就可以查看其详细数据，如图 6-9 所示。

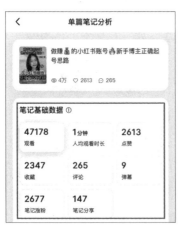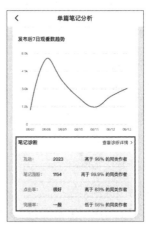

图6-9　单篇笔记分析界面截图

由图 6-9 可见，这里展示了该笔记当前的基础数据，比如观看数、人均观看实操、点赞数、收藏数、评论数等。在基础数据下

方显示的是笔记发布后近 7 日的观看数趋势以及笔记诊断，比如
互动是多少，笔记涨粉多少，点击率是多少，分别高于还是低于
同类作者，都有具体的数据呈现。

如果想了解更多诊断信息，可以点击"查看诊断详情"，就会
看到系统针对笔记给出的细致点评和改进建议。两篇不同笔记的
诊断详情截图如图 6-10 所示。

图6-10　两篇不同笔记的诊断详情截图

互动量，是指笔记获得点赞、收藏、评论、转发等数量，可
以直观反映笔记内容的质量。如果笔记观看量较高，但互动量低，
就说明大部分用户没有认可这篇笔记，我们要反思笔记提供的价
值是否满足用户的需要，能不能给到用户极强的收获感。同时也
可以多引导用户互动，按照前文 5.1.2 所讲的，在笔记中、评论
区、弹幕区加入互动成分，提升笔记互动量。

笔记涨粉，是指笔记带来的涨粉数量。如果笔记的点击率和互动量都很好，但涨粉数量很少，说明账号主页没有给到用户关注的理由，可以按照前文 5.2、5.3 所讲的，增强主页长期价值和人设感，从而提升涨粉效率。

点击率，是指笔记被观看次数与被曝光次数之比。举个例子，如果笔记曝光给 100 个人，但只有 10 个人点击观看，那么这条笔记的点击率就是 10%。一般来说点击率在 8% 以上就是比较高的。但目前系统不显示点击率具体数值，只会给出很好、一般或有待提升等评价。如果点击率一般或有待提升，通常是因为封面和标题不够吸引人，无法激起用户的点击欲望，应该优先对封面和标题进行优化。

完播率，是视频笔记才有的指标，具体是指视频的播放完成率，意思就是所有看过这条视频的用户中，有多少人是从头到尾看完整条视频的。举个例子，100 个人中，有 30 个人完整看过这条视频，那么完播率就是 30%。完播率较低，往往是由于剪辑缺乏节奏、趣味性低、整体信息价值低、亮点出现的频次少等原因，以致无法吸引观众持续观看。不过，想要更准确地找出问题所在，还应该结合观看趋势来分析。

某篇视频笔记的观众离开趋势图如图 6-11 所示。

由图 6-11 可以看出，超过 44% 的用户在 5 秒内离开，说明视频开头没有抓住人，流失用户太多，完播率自然就低了。因此，运营者可以再次检查开头，寻找具体问题，是文案不吸引人，还是画面不美观，抑或是剪辑节奏拖沓？找到原因之后，就可以对视频进行优化，尝试重新发布，观察数据是否有提升。通过这样一次次的复盘分析、迭代优化，运营者对于内容的把控度就会越来越好。

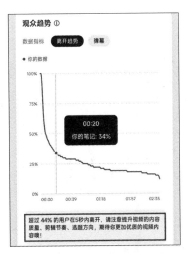

图6-11 某篇视频笔记的观众离开趋势图

3.粉丝数据

粉丝数据板块展示了近7日和近30日的新增粉丝数、流失粉丝数，这两项数据直接反映出账号的涨粉速度，运营者需要重点关注。

在新媒体平台中，粉丝取关博主是很常见的现象，所以有粉丝流失也很正常。比如，数据显示近7日新增粉丝500个，流失粉丝50个，属于正常情况，淡然看待即可；但如果流失粉丝300个，就属于大量"掉粉"，需要反思原因，是不是选题过于跑偏，内容质量大幅下降，输出观点不符合主流等。

此外，这里还显示忠实互动粉丝、新增粉丝来源和粉丝画像。在粉丝画像中，能清晰地看到粉丝的性别、年龄、城市、兴趣分布，如图6-12所示。运营者可以通过这些数据更加了解粉丝的偏好和需求，继而创作出他们更喜欢的内容。

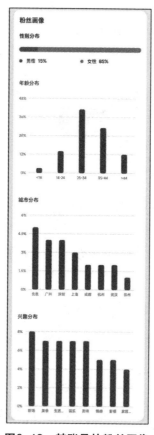

图6-12　某账号的粉丝画像

二、巧用复盘表格，发现流量密码

除了看懂小红书后台的数据分析，我们还需要做好数据的统计和复盘。因为在账号建立之初，运营者对于用户的观赏喜好还不能把控到位，因此输出的内容未必很受用户的欢迎。这个时候就很有必要记录跟踪作品的数据，便于发现其中的规律，快速总结经验，进而调整创作方向。

运营者可以使用一张统计表格，每次发布笔记后及时记录笔记的发布日期和发布时间，并持续追踪数据，记录发布后7日的观看数、点赞数、收藏数及涨粉数，如表6-1所示。

表6-1　笔记数据复盘表格

笔记标题	发布日期	发布时间	观看数	点赞数	收藏数	涨粉数

用表格记录数据，最大的好处就是方便进行作品间的数据对比，看到各个作品之间的不同点，从而发现账号的"流量密码"，对以后的决策形成帮助。

举个例子，一位职场博主记录了10篇笔记的数据，并进行了对比分析，发现观看量、点赞量更高的笔记，大多都使用某一种封面排版，而使用其他封面排版的笔记，数据表现就相对差很多。这就充分说明这个封面是更加吸引用户眼球的，在后续的创作中就可以沿用这个封面版式，并在此基础上进一步优化，就能大大提高做出爆款的概率。

再举个例子，一位家居博主记录了20篇笔记的数据后，发现关于房间改造类的视频比好物推荐类的视频涨粉效果好，这就说明关于房间改造的内容更容易让用户产生关注的兴趣。因此，如果想要快速涨粉，就可以多产出这个系列的内容。

通过数据统计和分析，就会很容易发现账号的"流量密码"，我们在后续的运营中需要对其不断放大，从而加速账号的起步。

 第三节 开挂玩法：利用AI工具，十倍提升运营效率

随着人工智能的兴起，AI技术也被广泛运用各个领域，新媒体写作也不例外。对于新媒体内容创作者来说，以前要花几小时甚至半天完成的工作量，现在只需几秒钟就可生成，生产效率以10倍、100倍的幅度提升。

因此，作为小红书运营者，如果能够将AI运用在小红书内容创作中，就会大幅度提升账号的运营效率。

一、入门：简单三步，轻松驾驭AI

想要充分发挥AI的优势，就需要学会驾驭AI，让它为我们带来更多便利。下面介绍使用AI的一些入门技巧，以便帮助大家更好地利用AI完成自媒体内容创作。

1. 选择合适的工具

市面上有很多AI写作工具，它们有各自的特点和优势。最被大家熟知的是OpenAI公司研发的ChatGPT，它能够像人类一样跟我们对话。只需要输入相应的指令，就可以生成高质量的内容，非常适合用来辅助自媒体创作。

除了 ChatGPT 之外，百度公司开发的文心一言也是功能很强的 AI 写作工具。文心一言拥有强大的中文语料库，因此理解和输出能力更加符合我们的习惯，使用起来也更加便利。本章就以文心一言为例来讲解 AI 写作。

2. 善用提示词

想要获得高质量的输出，就要向 AI 发出正确的指令，也就是提示词。这里给出一个实用的提示词模板：身份＋任务＋要求，其具体的含义如表 6-2 所示。

表6-2　AI提示词要素表

提示词要素	含　义
身份	给AI一个身份，让它直接代入某个情景
任务	下达某一个具体的任务目标
要求	输出时的具体要求

首先，身份是指 AI 在这场对话中的角色身份，比如"资深律师""10 年经验的文案写手"等。赋予身份可以让 AI 知道它将扮演什么样的角色，需具备哪方面的知识，便于其更专业地输出我们想要的内容。

其次，任务是指给予 AI 一个明确的目标，比如"写一篇文案""写 10 个标题"等。只有给出的任务清晰明确，得到的回答才会满足我们的需求。

最后，要求是指在下达任务时要明确我们的具体要求。这就好比我们在餐馆点菜，只有告诉服务员少辣、不放葱、不放香菜等，服务员才能更好地知道我们的诉求，端上来的菜才会更符合我们的口味。同样，给 AI 下达任务时，也要尽可能详细地说明我们的要求和标准，如果只给它一个笼统的任务，它也就只能给我们空洞的回答。给出的要求越详细，得到的答案就越精准。

3. 逐步优化

在 AI 回答后，如果对内容不满意，还可以通过修改提示词、进一步提出要求，引导 AI 生成更加符合我们预期的内容。同时，不妨尝试多次不同的提问，对比不同的提问得到的结果，以找到最优方案。

在掌握了 AI 写作工具的入门技巧之后，我们就可以让 AI 来为我们进行创作了。作为一位小红书运营者，如果能够灵活利用 AI 快速地创作笔记内容，无疑会大大提升运营账号的效率。

二、基础：轻松搞定100个爆款标题

前文提到，一个好的标题，可以快速吸引用户的注意，提高笔记的点击率。但许多运营者在构思标题的时候没有灵感，冥思苦想很久也写不出爆款标题。这种情况应该怎么办呢？其实，只要利用好 AI 这个"作弊神器"，即便是自媒体新手，快速搞定100个爆款标题也不在话下。

具体如何做到呢？接下来为大家详细演示。

1. 不同主题的爆款标题

如果运营者暂时没有想到明确的主题，就可以让 AI 直接生成一个系列的爆款标题，以此作为选题灵感来源。具体操作流程如下。

第一步：撰写提示词。先利用"身份 + 任务 + 要求"这个模

板，把提示词撰写出来。假设我们希望 AI 生成一些育儿领域的爆款标题，那么可以赋予它一个小红书育儿博主的身份，然后给它布置生成 10 个标题的任务，同时告诉它写标题的具体要求。

围绕这个思路，可以写出如下提示词。

你是一位资深的小红书育儿博主（身份），请你写出 10 个育儿领域中的热门话题，需要击中大众普遍关心的问题，以小红书爆款标题的形式呈现出来（任务）。爆款标题的要求是：1. 多用夸张、对比等手法，勾起好奇心；2. 情绪化、共鸣的表达；3. 多用数字和关键词；4. 凸显痛点、价值、利益等；5. 加入一些 Emoji 符号增强感染力（要求）。

第二步：将提示词发送给 AI。AI 得到指令后，就会根据我们的要求输出内容，如图 6-13 所示。

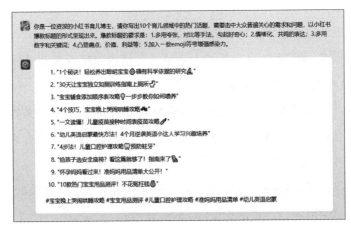

图6-13　利用AI撰写育儿类标题的示例

由图 6-13 可以看到，AI 输出的标题涵盖了"宝宝辅食""宝宝哄睡""儿童疫苗接种"等话题，都是新手宝妈们非常关心的问题，而且标题的撰写也十分有吸引力，运营者可以从中选择合适的标题进行笔记创作。

第三步：继续优化。如果对生成的内容不够满意，还可以继续下指令"再写 10 个"或者"再写 100 个"，就可以快速得到批量的爆款标题。

2. 明确主题的爆款标题

如果运营者想到了某个具体的主题，希望 AI 根据这个主题拟写一些爆款标题，也是可以轻松实现的。具体操作流程如下。

第一步：撰写提示词。同样，先按照"身份 + 任务 + 要求"这个模板撰写提示词。假设我们希望 AI 围绕"眼妆教程"这个主题快速生成爆款标题，那么就可以赋予它一个小红书美妆博主的身份，然后给它布置生成 10 个标题的任务，同时告诉它写标题的具体要求。

围绕这个思路，可写出如下提示词。

你是一位资深的小红书美妆博主，请你以眼妆教程为主题，起 10 个具有小红书风格的爆款标题。要求：1. 多用夸张、对比等手法，勾起好奇心；2. 情绪化、共鸣的表达；3. 多用数字和关键词；4. 凸显痛点、价值、利益等；5. 加入一些 Emoji 符号增强感染力；6. 不超过 20 个字符。

第二步，将提示词发送给 AI。AI 得到指令后，就会根据我们的要求输出内容，如图 6-14 所示。

由图 6-14 可见，AI 写出来的标题比较符合我们的要求，这也是因为我们的提示词写得十分详细，已经把爆款标题的撰写要求都告诉它了，所以它一次性输出的效果就能令人惊艳。

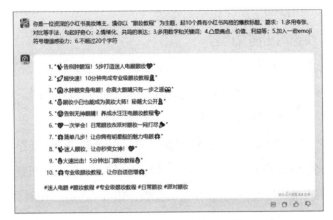

图6-14　利用AI撰写美妆类标题的示例

第三步：如果对于生成的内容还不够满意，我们还可以进行反馈，让 AI 再次优化。需要注意的是，反馈的时候尽量给出不满意的原因和优化的要求，比如增加什么细节，如图 6-15 所示。

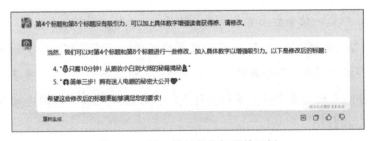

图6-15　让AI继续优化标题的示例

以上就是利用 AI 撰写爆款标题的方法，通过这样的方式就可以轻松搞定爆款标题。

三、进阶：一键生成小红书优质笔记

除了利用 AI 批量生成标题，我们还可以用它来高效创作小红书笔记，包括图文内容和视频文案。

1. 快速写出图文内容

适合用 AI 创作的小红书爆款图文笔记主要分为三类：清单类、干货类、种草类，不同的笔记类型有不同的提问方式。接下来以清单类为例，演示如何利用 AI 创作图文笔记。

第一步：撰写提示词。假设我们需要写一篇"绘本推荐"的笔记，那么就可以赋予 AI 一个育儿博主的身份，然后给它布置撰写笔记的任务，并从笔记内容、排版、字数、语气等方面给出具体要求。

其中，"语气"这一因素经常被大家忽略，但它却会直接影响 AI 输出效果。如果我们没有明确语气要求，那么 AI 写出来的文字很可能是枯燥乏味的。因此，最好让 AI 使用生动活泼的口吻来写，这样输出的内容会更加符合小红书的风格。

以下为一份参考提示词。

你是一位小红书育儿博主，请你以"绘本推荐"为主题写一篇笔记，要求如下：1.笔记第一段直接点题，用精简的文字突出这条笔记的价值。2.推荐理由要客观公正，有真情实感。3.文章多使用 Emoji 的可爱表情，多用空行。4.字数 500 字左右，语气生动活泼，情绪化。

第二步：将提示词发送给 AI。AI 得到指令后，会理解分析我们给出的要求，然后按要求输出内容，如图 6-16 所示。

由图 6-16 可见，AI 输出的笔记内容结构清晰，语言生动，至少可以作为我们的笔记初稿了。

第三步：继续优化。运营者如果对内容不够满意，可以继续向 AI 提出修改要求，让其进行优化和修改。比如，当我们发现 AI

给出的绘本范围太广，那我们就可以给出更精准的指令，比如用"自然科普类绘本推荐"来代替"绘本推荐"，这样得到的答案就会更加有针对性。

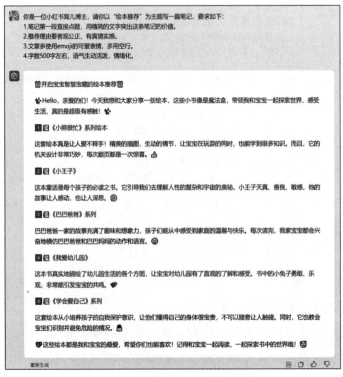

图6-16　让AI生成图文内容的示例

此外，运营者也可以根据自己的喜好，直接在这份内容上手动补充自己的想法，最终完善为符合自己要求的终稿。

AI除了能够撰写这类清单类的笔记，还可以生成干货类和种草类的笔记。下面给出这三种类型笔记的提示词，供大家参考，如表6-3所示。

表6-3　利用AI撰写图文笔记的提示词参考

笔记类型	参考提示词
清单类	你是一位小红书××博主，请你以"××"为主题写一篇笔记，要求如下： 1.笔记第一段直接点题，用精简的文字突出这条笔记的价值； 2.每条内容要有相关说明，有真情实感； 3.多使用Emoji的可爱表情，多用空行； 4.字数××字左右，语气生动活泼，情绪化
干货类	你是一位小红书××博主，具有××专业能力，请你写一篇关于"××"笔记，分享实用的干货内容，要求如下： 1.笔记第一段直接点题，用精简的文字突出这条笔记的价值； 2.正文介绍实用技能、方法或技巧； 3.结尾引导用户进行互动或关注； 4.多使用Emoji的可爱表情，多用空行； 5.字数××字左右，语气生动活泼，情绪化
种草类	你是一位小红书种草博主，请你为××产品写一篇种草笔记，要求如下： 1.内容包含：产品亮点、使用场景、亲身体验； 2.多使用Emoji的可爱表情，多用空行； 3.字数××字左右，语气生动活泼，情绪化

2. 极速生成视频文案

对于视频博主来说，撰写视频文案是非常关键的一步。许多博主以往创作一条视频文案，可能需要花费一天的时间，但现在利用 AI 工具，10 秒钟就能够写出引人入胜的文案，提升视频的吸引力。

目前比较火的视频文案有三种类型，分别是解决问题类、盘点推荐类和观点态度类。这里以解决问题类为例，演示视频文案的创作流程。

第一步：撰写提示词。相信大家现在对于提示词的写作已经非常熟悉了，这里需要提醒的是我们要充分结合视频文案的特点，去细化写作的要求。

比如，我希望 AI 写一篇关于工作汇报技巧的视频口播文案，但我又担心它写出来的内容过于理论化，实用性不强，所以我得要求它附上具体的案例和话术；另外，还要让它写一个吸引人的开头和结尾。同时，篇幅不能过于冗长，语言表达要口语化，避免过于生硬和呆板。

按照这样的思路，我们就可以写出具体的提示词了，如下所示。

你是一位小红书职场博主，有丰富的职场沟通经验，请你写一篇"工作汇报技巧"的口播视频文案，字数在 500 字以内，内容要求：

1.文案开头不要打招呼，也不要自我介绍，要切中职场人的痛点，并且突出这条视频的价值和亮点，勾起观众的观看欲望；

2.正文部分罗列几条技巧，每条技巧都要实用性强，并且附上具体的案例和话术；

3.文案结尾要点题，同时引导观众跟你互动；

4.表达要口语化，像是跟朋友聊天一样的口吻，语言风格轻松活泼。

第二步：向 AI 发送提示词，之后 AI 就会输出内容，如图 6-17 所示。

由图 6-17 可以看到，AI 按照我们的要求，输出了较为优质的视频文案，不仅技巧实用性强，还有参考话术，语言风格也比较符合日常口语表达。

AI 除了能够撰写这类解决问题类的视频文案，还可以生成盘点推荐类和观点态度类的笔记。下面给出这三种类型笔记的提示词，供大家参考，如表6-4所示。

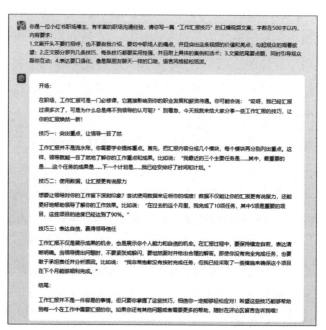

图6-17　让AI生成视频文案的示例

表6-4　利用AI撰写图文笔记的提示词参考

笔记类型	参考提示词
解决问题类	你是一位小红书××博主，有丰富的××经验，请你写一篇"××"主题的视频文案，内容要求： 1.文案开头不要打招呼，也不要自我介绍，要切中××人群的痛点，并且突出这条视频的价值和亮点，勾起观众的观看欲望； 2.正文部分罗列几条技巧，技巧要实用、可操作性强； 3.文案结尾要点题，同时引导观众跟你互动； 4.字数××字左右，表达要口语化，像是跟朋友聊天一样的口吻，语言风格轻松活泼

续表

笔记类型	参考提示词
盘点推荐类	你是一位小红书精品内容推荐博主，请你推荐×个××主题的（好物、图书、纪录片等）要求： 1.文案开头不要打招呼，也不要自我介绍，要突出这条视频的价值和亮点，勾起观众的观看欲望； 2.每一条内容的推荐理由要客观公正，有真情实感； 3.文案结尾要点题，同时引导观众跟你互动； 4.字数××字左右，表达要口语化，像是跟朋友聊天一样的口吻，语言风格轻松活泼
观点态度类	你是一位小红书××博主，有丰富的××经验，请你写一篇口播视频文案，表达"××"的观点，要求： 1.文案开头不要打招呼，也不要自我介绍，要突出这条视频的观点，勾起观众的观看欲； 2.论述观点要有理有据，并附上真实的案例； 3.文案结尾要点题，同时引导观众跟你互动； 4.字数××字左右，表达要口语化，像是跟朋友聊天一样的口吻，语言风格轻松活泼

以上就是利用 AI 提高笔记创作效率的方法。运营者可以灵活运用，这样就能够提高创作效率，使笔记数量和质量都得到提升，从而获得更多的流量和关注。

 第四节 运营避坑：吃透平台规则，才能少走弯路

没有规矩，不成方圆。想要在小红书平台运营账号，就必须要熟悉平台的规矩、红线，只有在平台规则的允许范围之内发布内容，才会获得正常的流量曝光，而且也不会因为触碰平台的红线而受到处罚或者被封号。

一、小红书运营的四大雷区

在运营小红书的过程中，我发现许多人还没搞懂平台规则就贸然进场，往往被禁言、限流或者账号被封之后才后知后觉，造成诸多损失而后悔莫及。

因此，建议新手创作者在开始运营前，先学习一下小红书平台的社区公约。打开小红书，在下方导航栏选择"我"，点击左上角"≡"，即可看到"社区公约"，如图 6-18 所示。这份公约中规定了小红书用户在发布和传播内容、参与互动时需要遵守的规范。

图6-18　小红书社区公约

在这里我也总结了小红书运营中最常见的四种违规行为，一旦触碰这些"高压线"，轻则违规、限流，重则被封号，运营者一定要避免出现以下这些违规行为。

1. 数据造假

数据造假是很多运营者容易触碰的一个雷区。他们急于提升账号的粉丝数量和笔记互动量，便采取一些数据造假的手段，如参与大规模的互关互赞，或者与第三方机构合作，通过金钱交易的方式，来增加笔记的点赞、收藏、评论、转发等数据。

这种方式虽然会让笔记数据看起来很火爆，但很容易被平台系统审核出来，不仅会触发违规提醒，清除所有异常的互动数据和粉丝数据，甚至还会影响账号部分功能的正常使用，如图 6-19 所示。

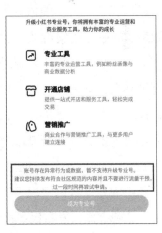

图6-19 小红书笔记存在异常互动数据示例

因此，运营者不要对笔记进行数据造假和流量干预，一旦受到平台处罚，反而得不偿失。

2. 搬运抄袭

许多运营者为了省事，就直接把别人或者其他平台的内容当作自己的内容发布，这就属于搬运抄袭，在小红书平台是被明令禁止的。小红书要求笔记正文、图片、视频都为原创，且不能带有其他平台的水印。

创作者发布笔记后，平台会对笔记内容原创度进行审核，自动对比待发布笔记与平台内已有笔记内容的相似度，对于重复率过高的笔记，平台是不予推荐的。但系统检测难免会有"漏网之鱼"，因此平台还设置了举报通道，当创作者发现自己的作品被搬运抄袭后，可以主动提交举报信息，平台会对被举报笔记进行二次审核。一旦平台审核到运营者有搬运抄袭的行为，轻则删除笔记，重则对账号限流。

所以运营者千万不能抱着侥幸心理，为了做爆款上热门，就直接搬运、抄袭他人的作品，这种走捷径的行为万万不可取。这看似是在创作上省事，但一旦账号遭到处罚，就是不可挽回的。想要稳定地运营好账号，还是要用具有个人风格的原创内容来吸引用户，打造个人IP，才能走得长远。

3. 不合规的交易和导流行为

2021年8月，小红书推出"号店一体化"的机制，允许运营者在升级为专业号的情况下进行有限的商业行为，比如开通薯店、成为品牌合作人发布报备推广笔记等。

不过，平台禁止博主私自进行营销推广和产品售卖的行为，也不允许大家发布代购、转卖、拼单等有营销性质的内容。

同时，创作者还需注意，不能出现发布第三方网页链接、二维码、水印、手机号、微信号等导流到其他平台的行为。目前小红书允许运营者在个人简介处留下邮箱地址，除此以外，在任何地方以任何形式留下自己的联系方式都是不允许的。

4. 违规不良信息或引起不适的内容

《小红书社区公约》中明确规定，不能在平台上发布不良信息内容，比如社会负面信息、暴力恐怖信息、人身攻击信息、假冒伪劣信息、伪科学信息、色情低俗信息、赌博诈骗信息等。

然而，为了追求流量，一些运营者不惜在笔记中加入不良信息，以此来博眼球，但那些包含不良信息或令人不适的内容的笔记，很有可能在审核过程中就被小红书平台判定为违规，或者在发布后不久就会被用户举报，并被平台要求删除。

此外，还有一些引起不适的内容也不允许在小红书上发布，比如灵异恐怖素材、蛇虫类、密集类、残疾宠物、暗黑敏感、刻意炫富等。

以上就是小红书平台的规则，作为运营者，必须认真遵守，只有用心输出规范的笔记内容，才能通过审核，得到平台的流量曝光。

二、新手最常见的五个疑问

不少新手刚开始运营小红书时，经常会在注册账号、设备登录、系统功能等方面遇到一些困惑，不确定如何做才是更好的。因此，下面整理了新手运营最常见的五个问题，并为大家一一解答，以帮助经验较少的运营新手少走弯路。

1. 需要养号吗？

很多运营者都问过我这个问题，因为他们听许多运营教学者说过："新账号一定要养号，要围绕账号未来要做的领域，每天只浏览这个领域的作品，同时要多点赞、收藏、评论等，这样以后去发布这个领域的作品时，就会获得更多的流量。"

实际上，这样的言论没有任何依据，正常来说，一个账号平时浏览内容的通道和发布作品的通道是相互独立、互不影响的。用户浏览什么样的内容，只能帮助平台判断该用户的兴趣偏好，然后根据该用户的兴趣来向其推荐内容，仅此而已。也就是说，一个账号平时浏览内容、互动行为是什么样的，对其发布作品的流量没有任何影响。

因此，运营者实在没必要听信所谓的"养号秘籍"，根据大量实践发现，新注册的账号直接发布笔记，同样能获得不错的流量，根本不需要玄乎的"养号"操作。相反，花费大量时间和精力进行模式化"养号"，可能手忙脚乱忙了半天，账号却依旧没有什么进展，倒不如把时间省下来用在打磨自己的内容上面。

2. 账号以前发的内容乱七八糟，需要注册新账号吗？

许多运营者都问过我："乱发作品的老号，还能继续用吗？是否要注册一个新账号？"

我大概率都会建议运营者先继续使用自己的老账号。因为跟其他的平台不一样，小红书平台推荐内容是按单篇推荐的，账号以前发的内容，不会影响新内容的推荐。所以只要老账号没有频繁违规，都可以继续用，但需要把以前混乱的笔记隐藏起来，然后找准自己的账号定位，在以后的笔记中统一风格，产出优质内容，这样就能够把一个旧账号重新运营好。

但是，如果旧账号曾经受到过系统的处罚，比如被禁言、限流、限制账号功能，或者频繁收到笔记违规的通知，这些情况最好更换新账号，因为这些处罚都会被系统记录在案，可能会对账号权重和流量产生一定影响。

3. 笔记流量差，是不是被限流了？

很多运营者在运营账号的过程中，当自己的笔记流量较差时，就会怀疑笔记或账号被限流。

其实，如果不是触犯平台的红线，平台一般不会轻易地对某一篇笔记或者某一个账号进行限流。而且，小红书一旦对笔记或者账号有限流处理，都会在后台发通知，明确地告知运营者，如果没有任何提示，说明笔记和账号并没有被限流。

遇到笔记阅读量、点赞少的情况，运营者不应该急着抱怨平台，而是应该考虑这是不是由内容质量问题导致的，是不是内容不够有吸引力、不够有价值才导致流量不好。

4. 需要实名认证吗？

在小红书平台，实名认证主要是用于开通专业号、开通直播、入驻蒲公英进行品牌合作、开薯店等功能，没有进行实名认证的账号，则无法使用上述功能，但不会影响发布笔记。

也就是说，一个没有进行过实名认证的账号，照样可以正常地发布笔记，且笔记流量也不会有任何影响。建议运营者在刚注册账号后，如果不确定该账号要不要一直用下去，可以暂时先不进行实名认证，待后续需要开通专业号等功能了，再进行实名认证。

因为小红书规定，一个身份证只能认证一个小红书账号，一旦认证后，无法解除绑定。如果想要解除绑定，只能注销账号。因此，建议运营者确定要长期使用该账号了，再进行实名认证。

5. 一个手机能同时登录多个账号吗？

大多数情况下，运营者都会用固定的手机来登录小红书账号，但也有特殊情况会让运营者需要更换登录的手机，这时有的运营者就会产生顾虑：更换小红书的登录手机，会对账号有影响吗？

如果一个设备经常登录不同的小红书账号，可能会使系统识别到异常，判定其为营销号，导致账号权重降低，所以运营者最好一机一卡一号。

但如果运营者是正常更换新手机或者新的手机卡，没有频繁进行切换，则不会对账号造成影响，运营者不用过多担心。

第七章

商业盈利：
在小红书挖掘"第一桶金"

当账号依靠优质内容和有效运营积累起大量人气后，就可以考虑通过流量盈利了。盈利既是对运营者付出的回报，也是支撑运营者继续输出优质内容的动力。小红书的盈利方式主要有广告盈利、带货盈利、专栏盈利和引流盈利。本章将详细介绍这几种盈利方式及相关技巧，帮助大家掌握小红书赚钱的秘籍。

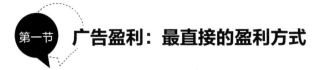

第一节 **广告盈利：最直接的盈利方式**

广告盈利，是指博主与品牌方进行合作，帮助品牌方推广产品，从而获得收益。广告盈利易上手、好操作，是小红书平台上最简单、最直接的一种盈利方式，大部分博主都会靠接广告进行盈利。

对于小红书博主来说，广告盈利具有两个明显的好处。一是氛围好。小红书平台自带"种草基因"，用户本身就喜欢在小红书上浏览购物体验方面的内容，因此在小红书种草产品，不会引起用户的反感，品牌方也愿意在这里大量投放广告。二是门槛低。在其他平台，广告资源会向网红及头部博主倾斜，新手博主接广告的难度较大。但品牌方在小红书投放广告时，对中小博主同样偏爱，哪怕只有几百个粉丝的博主，也能接到广告，这对于素人博主来说非常友好。

那么小红书博主具体如何实现广告盈利呢？接下来为大家介绍广告盈利的两种形式和增加广告收益的技巧。

一、搞懂小红书接广告的两种形式

小红书博主在平台接广告实现盈利主要分为两种形式，分别是官方广告盈利和非官方广告盈利。

1. 官方广告盈利

官方广告盈利是指博主在小红书官方的商业服务平台（即蒲

公英平台）接广告，整个合作流程都在蒲公英平台内完成，对博主来说会更有安全保障，但平台会收取订单金额的 10% 作为手续费。

当小红书博主满足下列要求时，就可以申请入驻蒲公英平台并开通内容合作：完成实名认证；年龄 ≥ 18 岁；粉丝数 ≥ 1000。

入驻的操作为：在小红书 App 底部导航栏找到"我"，点击左上角"≡"，选择"创作中心—创作服务—更多服务"，再点击"博主合作"，就可以申请开通品牌合作，光明正大地在平台接广告了，如图 7-1 所示。

图7-1 在小红书入驻蒲公英平台并开通内容合作的路径

成功开通品牌合作后，博主还需要设置报价，未设置报价的博主是不会展现给品牌方的。在创作中心里，点击"博主合作"进入蒲公英内容合作后台，点击"我的"，在"我的报价"里，可以分别设置图文笔记和视频笔记的合作报价，如图 7-2 所示。

图7-2　设置广告合作报价

系统还会根据账号的内容表现和同行报价情况给出建议报价，供运营者参考。报价每个月仅可修改一次。设置好报价后，勾选"接单中"后提交，才算正式开启接单。

2.非官方广告盈利

前文提到，只有粉丝数 ≥ 1000 的博主才能在官方蒲公英平台接广告，那么对于粉丝数不到 1000 又想要获取收益的博主来说，还有没有其他方式可以和品牌合作呢？

其实，在小红书上还有非官方广告盈利的方式可以满足这类博主的需求。非官方广告盈利，指的是品牌方或商家绕过小红书官方，直接通过私信或者账号主页留的邮箱联系博主洽谈合作。这种方式对博主的粉丝量没有要求，我有不少学员只有几百个粉丝，但也收到了品牌方私下的合作邀约。

所以在小红书上，只要内容做得好，打造过一篇以上的爆款笔记，哪怕粉丝不多，也有机会被品牌方看中，获得非官方广告盈利的机会。就通常情况而言，非官方广告盈利又可以细分为以下两种类型。

（1）免费置换

免费置换是指品牌方将产品寄送给博主，博主根据使用体验发布一条笔记。在这种模式下，博主能免费获得实物产品，但没有额外的广告费。

免费置换的门槛非常低，哪怕是粉丝很少的小博主也能得到合作机会。比如，小红书某博主在发布的一篇图文笔记中就提到，她的账号才做10多天，在只有49个粉丝的情况下，就收到了出版社的图书置换合作，如图7-3所示。

图7-3　小红书某博主发布的一篇笔记截图

同理，其他领域的博主也有机会收到品牌方产品置换合作。比如不少美妆博主，就收到了品牌方免费寄送的化妆品；许多母婴博主也会收到宝宝用品、孕产用品等产品置换。

免费置换虽然没有直接获得金钱收益，但可以帮助博主跑通第一个盈利闭环。因为在账号粉丝不多的时候，能够接到置换，就证明账号是有商业盈利价值的，这会给我们很大的信心。等粉丝增加了，就可以接到更贵的商单了。

（2）付费合作

付费合作是指博主按照品牌方的要求发布合作笔记，并获得一定的广告收入。常见的推广产品有化妆品、日用品、食品、母婴产品、App、实用网站等。

需要提醒的是，非官方的付费合作因为没有小红书平台监管和保护，所以博主需要慎重选择。首先，要认真了解所推广产品的质量如何，是否为合格的品牌，如果是三无产品或者有严重的负面新闻，建议拒绝，以免因为产品质量问题影响到自身。其次，要和品牌方洽谈好合作的流程、发布要求以及报酬。在正常情况下，博主可以要求品牌方先支付订单费用全额的30%作为定金，在笔记制作完成后再支付尾款，以免对方跑单。

二、让你广告收入翻番的三个技巧

虽说在小红书上靠广告盈利门槛较低，但在实际的运营过程中，不少博主却遭遇了"接广难"的问题，甚至有的博主做了几万粉丝却接不到任何广告，导致无法盈利。因此，博主想要自己的账号接到更多广告，增加广告收入，还必须知道以下几个技巧。

1. 做有消费场景的领域

运营者如果希望靠接广告获得较高的盈利，那么最好优先做有消费场景的领域。所谓有消费场景，就是指账号定位的领域本身要与各种产品紧密关联，包含大量产品消费和使用的场景，比如美妆、护肤、母婴、家居、穿搭、美食、好物种草等。

这些领域的用户消费需求旺盛，市场上的产品种类丰富，品牌方推广投放的数量也多，接广告就更容易；同时，这些领域的博主接到广告后，还能够在不违背账号风格的情况下，把要推广的产品自然地植入笔记内容之中，实现自然种草的效果，如图7-4所示。因此，这类账号更容易获得品牌方的青睐，也就自然能接到更多的广告。

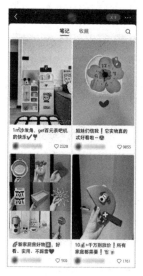

图7-4　两个小红书账号主页截图

反之，像娱乐八卦、影视混剪、文案整理等类型的账号，就比较难接到品牌合作，因为这些账号的内容与大部分的产品没有联系，如果在笔记中植入产品介绍，就会被一眼看出来是在打广告。除此之外，这些账号吸引的都是泛粉，与品牌方需要的消费者人群也不完全契合，种草效果也不会太好，因此品牌方不愿意选择这样的账号进行合作。

所以，运营者在定位的时候，最好就要考虑自己的账号定位是否容易盈利，是否容易接到推广合作，尽量做有消费场景且热度较高的领域。

2. 预留广告位

不论是做何种领域的账号，如果想接到更多广告，就应该在笔记里多预留广告位。所谓广告位，就是指笔记中可以放产品的位置。

举个例子，两个小红书上的读书类账号如图7-5所示。

账号1 账号2

图7-5 两个读书类账号的主页截图

由图 7-5 可以看到，账号 1 发布的笔记配图只有书，那么大概率只会吸引到图书的广告。但账号 2 不仅拍摄图书，还拍摄自己的书桌及桌面上的各种物品，让用户习惯性看到自己读书的真实场景。这样一来，产品植入的机会就多了，像台灯、阅读架、电子产品、香薰等产品的广告都有机会接到。

因此，应在笔记中预留广告位，让更多的产品出镜，主动向品牌方抛出"橄榄枝"，让他们看到商品的合作位置，如此一来就很可能找博主合作。博主留的广告位越多，能吸引的品牌自然就越多，也越容易接到广告。

3. 多平台分发

想要提高广告收益，还有一个方式就是把内容在多平台分发。比如在小红书做视频的博主，可以将视频分发到抖音、bilibili（B 站）、西瓜视频、视频号等视频平台；在小红书做图文的博主，可以将笔记分发到知乎、微博、微信公众号、今日头条、百家号等图文平台，实现"一鱼多吃"，用一份内容在多个平台同步涨粉。

如果成了多平台的运营者，那么在谈广告合作的时候，就可以巧妙地进行"捆绑销售"，也就是向对方说明自己制作好合作笔记之后，还可以同步分发到其他平台，这样可以适当提高自己的报价。大多数情况下，品牌方都是乐于接受的。

第二节　带货盈利：最火爆的盈利方式

众所周知，小红书除了是一款内容社群平台之外，还是一个电商平台，拥有自己的商城。用户在小红书笔记中被"种草"之后，可以直接在站内商城购买相应的商品。

在小红书"社区 + 电商"的模式下，带货盈利也一直是平台主推并鼓励小红书博主使用的盈利方式之一。目前带货盈利主要有两种形式，分别是开通店铺带货和买手合作带货。

一、店铺带货：商家一定要拥抱的红利

2021 年 8 月，小红书正式推行"号店一体"机制，取消了以前对博主开店的种种限制，同时给予店主流量曝光、运营指导等多方面的扶持。因此，许多小红书博主都纷纷抓住这一红利，在小红书开通店铺进行盈利。

比如，小红书博主"红鞋女孩君君"就开通了自己的店铺，在店铺中上架了自家品牌服装，如图 7-6 所示。博主在笔记中分享日常搭配和穿搭技巧，用户看完笔记被种草后，可以一键直达博主的店铺，购买喜欢的衣服。

目前，在小红书上开店十分简单，只要开通专业号，即便是零粉丝的账号，也可以申请开店。而且，开店几乎不需要成本，唯一要交的费用就是保证金，个人店需要缴纳 1000 元，企业店

需要缴纳 20000 元，保证金在未来关店时可以退回。

图7-6　小红书博主"红鞋女孩君君"的店铺

那么，小红书店铺应该如何开通呢？具体操作步骤如表 7-1 所示。

表7-1　开通小红书店铺的步骤

第一步	打开小红书，按照"我→左上角侧边栏→创作中心→创作服务→更多服务→商业能力→开通专业号"的步骤，升级至专业号
第二步	升级为专业号后，回到"更多服务"界面，在"商业能力"板块，点击"开通店铺"
第三步	点击"立即开店"，按照提示选择店铺类型和经营类目，填写个人信息后等待审核

店铺开通后，运营者就可以上架商品了。如果运营者有自有

产品，比如自创品牌、自家农产品等，就可以将这些产品上架到店铺，但要确保产品合法合规；如果没有自有产品，也可以售卖别的品牌的商品，但需要获得品牌的授权，避免后续产生纠纷。

商品上架店铺后，运营者可以将商品购买链接添加到笔记中，利用笔记的曝光展示为店铺吸引顾客，只要笔记优质有流量，店铺就有源源不断的"睡后收入"；同时，还可以在直播间挂上店铺商品，直播讲解和售卖，从而提升商品销量，加速盈利，如图7-7所示。由此可见，店铺、笔记、直播间三者之间的联动很好地打通了博主的带货盈利闭环。

图7-7　在笔记和直播间挂店铺商品链接

此外，小红书为了帮助运营者更好地实现盈利，还将运营者店铺里的商品自动同步到小红书商城，这相当于官方免费送"广告位"，给商品提供更多的曝光机会，有助于运营者盈利。

总体来说，小红书的店铺功能为商家和博主提供了十分便利的盈利环境。在小红书开店并不难，店铺的后期运营和流量曝光才是重中之重，如果做"甩手掌柜"，那么注定做不成赚钱的店铺。只有靠着优质的笔记内容或直播才有可能吸引到更多用户，最终的商品成交量才会更好。

二、买手带货：素人也能获得被动收入

前文提到在小红书开店卖货是目前的一大红利，但前提是需要有自有产品或者稳定的进货渠道，对于没有这方面资源的普通人来说，开店也是有一定难度的。不过，小红书的"买手合作"功能，向博主开放商城内产品的带货分佣权限，这就为更多素人博主提供了带货盈利的机会。

所谓"买手合作"，就是平台鼓励博主成为有种草能力的"买手"，在小红书笔记、直播中添加商品卡片进行带货，若用户通过商品卡片购买商品，博主就可获得相应的佣金收入。

当账号开通专业号且粉丝达到1000个，就会自动解锁买手权益。在下方导航栏选择"我"，点击左上角"≡"，可以看到"合作中心"标识，如图7-8所示。

目前，小红书买手合作的形式主要有两种，一种是笔记带货合作；一种是直播带货合作。下面详细讲解两种带货

图7-8 小红书"合作中心"标识

形式的操作流程。

1. 笔记带货合作

笔记带货合作指的是博主发布图文笔记或视频笔记时，嵌入商品卡片，用户能够直接点击左下角的商品卡片进行下单购买。

比如，小红书某读书博主，在发布的一篇笔记中向用户种草了《秀出你的工作》这本书，然后在笔记中添加了图书的购买卡片，如图 7-9 所示。用户看完笔记后，若对此书产生了兴趣，就可以点击卡片浏览详情并购买。

图7-9　小红书某博主发布的笔记截图

那么如何在笔记中添加商品卡片呢？具体操作如下。

第一步：选品。按照"我—左上角侧边栏—合作中心—买手合作—笔记选品"的步骤，即可进入选品中心，如图 7-10 所示。点击感兴趣的商品，选择"选品"并确认，就可以将商品添加至自己的选品库。

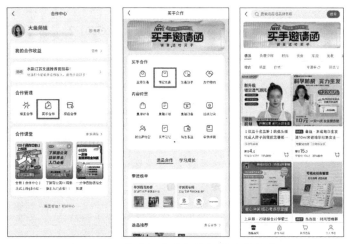

图7-10 在小红书进行笔记选品的方法

第二步：挂商品卡片。发布笔记时，选择"添加商品/门店推广"，点击"商品合作"，就可以将商品插入笔记中，如图7-11所示。对于每篇笔记，运营者可以添加一个商品，也可以添加多个商品。

图7-11 在笔记中插入商品卡片的方法

不过需要注意的是，添加的商品一定要与笔记内容高度相关，否则平台会对笔记进行曝光限制。比如笔记内容是关于文学书籍，如果添加一个化妆品的商品卡片，就是不允许的。

2. 直播带货合作

直播带货合作指的是在直播间内添加商品链接，博主通过直播分享优质内容，可以实时与用户互动和销售商品。

比如，小红书博主"晚风不晚"于2023年10月21日在平台进行了直播，一边展示自己写书法的过程，一边与观众聊天互动，分享书法心得。同时，博主在直播间挂上了毛笔、宣纸、字帖等书法用品的链接，观众被博主种草后就可以直接在直播间购买，如图7-12所示。

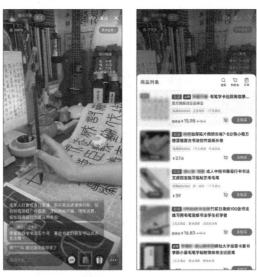

图7-12 小红书博主"晚风不晚"的直播间截图

在小红书进行直播带货的操作也很简单，具体流程如下。

第一步：选品。按照"我—左上角侧边栏—合作中心—买手合作—直播选品"的步骤，即可进入选品中心，如图 7-13 所示。

图7-13　在小红书进行直播选品的方法

选品中心的品类丰富，佣金也会标注在商品上。不过，运营者不能只选择高佣金的商品，而是要选择符合账号定位的商品，才能在直播间更好地转化。同时，选品时还可以借助选品助手、买手爆款榜、粉丝心愿单等功能，作为决策参考。

第二步：开播。打开小红书，点击主页正下方的"+"号，选择最左侧的"直播"，进入直播界面。接着，按照要求上传直播封面，填写直播标题，点击"添加商品"，就可以将商品添加到直播间的购物车，如图 7-14 所示。

此外，还可以点击"美化"，设置美颜效果或添加滤镜，进一步提升直播间视觉美感。完成好所有设置后，点击"开始直播"就可以开启直播间了。

除了上述介绍的直播带货的方法，这里也为大家介绍一些技巧，可以帮助运营者提高直播间人气和转化。

一是开播前做好直播预告。通过预告告诉粉丝直播的具体时间和直播中会销售什么商品及优惠福利等，提前为直播进行宣传和预热，就可以吸引更多的精准用户来到直播间，促进商品的销售转化。

比如小红书某博主 10 月 20 日要在小红书平台开启直播，她在 10 月 17 日就发布了直播预告笔记，不仅预告了直播的具体时间，展示了一些会上架直播间销售的服装，还引导粉丝预约直播，如图 7-15 所示。

图7-14 在小红书开启直播的方法

图7-15 小红书某篇直播预告笔记

发布直播预告时，可以在笔记发布的界面，通过"高级选项—直播预告"的步骤，将直播信息关联笔记，这样用户就可以在笔记详情页看到直播预告并进行预约。

二是加强直播互动。直播间观众的互动率是衡量直播间人气的重要指标，互动率越高，越容易得到官方的推流。因此，主播在直播时要多与用户进行互动，比如对新进直播间的用户点名欢迎、对送礼物的粉丝表达感谢、及时回复用户的留言、主动给粉丝发福袋或抽奖，等等。积极的互动不仅可以营造直播间的氛围，还可以增加粉丝黏性，提升带货转化率。

另外，运营者需要注意直播间不能引流。小红书明确反对在平台上引流到站外，因此在直播时不能提及站外平台的联系方式，比如微信、手机号、二维码、其他平台的购买链接等，这些都是违规的。如果被小红书官方人员发现，会立刻强制暂停直播且限制后续的直播权限。因此，运营者在直播时千万不要踩这条红线。

第三节　专栏盈利：最高效的盈利方式

专栏盈利，指的是通过小红书的付费专栏进行盈利。付费专栏是小红书在 2021 年推出的知识盈利工具，当博主的粉丝数达到 10000 人就可以申请开通专栏权益，以视频或直播的形式发布付费内容。当用户购买付费专栏以后，博主就可获得收益分成。

一、抓住红利，把你的经验变成钱

在当下，人们越来越重视个人的提升和学习，即便是工作和生活繁忙，但对于付费学习的热情却是有增无减。有公开数据表明，2022 年中国的知识付费用户规模达 5.27 亿人，未来还会持续增长，这就为普通人实现知识盈利提供了绝佳的机会。

因此，在小红书上也有不少博主抓住了知识付费的红利，将自己的知识和经验制作成实用的专栏课，吸引用户购买并学习，从而获得课程收入。这些专栏涵盖时尚、美妆、教育、母婴亲子、摄影、健康养生、健身减肥等各类领域，可谓是百花齐放，不少博主也因此获得了巨大的盈利。

比如，小红书博主"弱冠年华"发布了一门标题为"0 基础创意水彩手账，让技能变现"的专栏课程，单价 298 元，有 1595 人购买，课程销售额超过了 47 万元，如图 7-16 所示。

通过翻看博主的主页可以看到，该博主除了这一门课程之外，还开设了其他的绘画课程，同样销售火爆。类似这样的专栏课程，博主只需要花一份时间和精力录制好，后续不需要消耗任何精力，就能源源不断地获得"睡后收入"。

图7-16　小红书博主"弱冠年华"发布的绘画专栏

只要在小红书上留心观察，就不难发现，通过付费专栏获得百万级收入的博主数不胜数。这些博主本身并不是掌握高精尖知识的专家学者，他们当中很多也是普通人，并且大多分享的是自己的经验。所以说"一个人的经验价值百万"这句话，一点都不夸张。

在这个"人人为师"的时代里，做课程不再是少数人的专长，它适合每一个想把自己的经验分享出去的人。互联网时代打破了大众对"老师"的传统认知，也赋予有心人更多的机会。无论是一个外卖小哥，还是一个普通的公司文员，都会积累相应的行业经验。只要想办法把这些内化的经验显化出来，就能够成为某个小领域的老师。

二、五个步骤，快速做出一门课程

前文提到，在这个知识付费时代，普通人也可以搭上知识变现这趟快车。但到了实际操作层面，问题就来了。普通人应该如何快速做出自己的课程呢？接下来为大家介绍制作课程的五个步骤，如图 7-17 所示。

图7-17　制作课程的五个步骤

1. 确定主题

制作课程的第一步就是确定课程主题，这也是最重要的一步，因为课程主题很大程度上决定了这门课是否容易卖出去。一个没有吸引力的课程主题，是无法激起用户的购买及学习欲望的。

因此，运营者一定要用心策划好课程的主题，要想清楚课程到底可以解决什么问题，角度一定要具体且细化。如果主题太过宏大，讲的东西太多，就容易泛泛而谈，用户听起来就会觉得"水分太多"。

比如，同样是关于育儿的课程，如果课程主题为"如何科学育儿"，主题就过于宽泛，想要讲好的难度就很大；但如果将课程主题设计为"高效亲子沟通术，不吼不叫也能轻松教出好孩子"，那么就把重点聚焦在了"亲子沟通"上，更能吸引那些为孩子沟通而烦恼的家长，课程的吸引力也更强。所以在构思课程主题时，一定要精而细，千万不可太过宽泛。

2.设计大纲

课程大纲就是课程的目录，也就是呈现这门课要讲哪些内容，解决哪些问题，可以帮助用户快速判断值不值得学。由此可见，想要写好课程大纲，其实最重要的就是要找到用户最急于解决的问题。所以运营者不能凭空想象，这样很容易脱离用户的实际需求。推荐使用以下两个办法来收集用户的问题。

一是借鉴同类优质课程。市面上的优质课程，一定是经过用心策划和设计的，所以运营者需要把这些课程目录和痛点问题记录下来，作为我们设计大纲时的重要参考。

二是全网搜索。利用跟课程主题相关的关键词，去全网（如知乎、微信公众号等平台）搜索100个热门问题，了解用户最关心的都是哪些问题，并把它们分门别类，这样形成的分类也可以作为大纲的组成部分。

通过这两个方法大量搜集信息，互为补充，就可以帮助运营者快速设计出一份课程大纲。

3. 制作内容

在确定课程大纲后，就可以着手制作课程内容了。

首先，运营者要深入地进行自我萃取，从自己的经验中提炼出可复用的方法论，这也是课程的核心价值所在。

每节课的内容，最好按照"好处—方法论—解释—案例"的结构来呈现。也就是先说明学习这节课的好处和收益，然后讲解本节课的核心方法论，接着用通俗易懂的语言解释，最后用案例示范这些方法具体怎么运用，以及运用过程中有什么注意事项。

需要注意的是，干货信息量要适中，不能太多也不能太少。太多会让用户学起来吃力，容易感到厌烦；太少则会让用户觉得白花钱，影响课程评价。总之，课程内容要通俗易懂，实用有效，让用户听得懂，学得会。

其次，运营者要确定上课的方式。目前小红书专栏支持的上课形式有两种：直播课和视频课。

直播课是指以直播的方式上课。博主在课程中提前设置直播上课的时间点，然后就可以进行预售，之后按时开播授课；视频课是指提前将课程内容录制成视频，然后上传到专栏，用户购买后可以立即观看。

因此，如果运营者选择视频课的形式，那就需要根据课程内容录制好视频；如果选择直播课的形式，则无须提前录制。

4. 包装美化

课程内容制作完毕后，还需要对课程进行一番包装和美化，才能进一步提升课程的吸引力，让用户产生"一见倾心"的感觉。

课程的包装美化主要包括课程名字、目录、封面图和详情页。比如，小红书博主"带你瘦的爱米酱"上架的专栏课，就进行了精心的包装，如图7-18所示。

图7-18　博主"带你瘦的爱米酱"上架的专栏

由图7-18可见，这门课程的名字叫"减肥不再难！越吃越瘦系列食谱！"，直接用实实在在的好处勾起用户的兴趣；课程的目录清晰，价值感强；吸睛的封面图上有博主照片以及醒目的文字；详情页上包含了用户痛点、课程价值、课程亮点和适用人群等信息。用户看完这份翔实的课程介绍，就很容易产生付费购买的欲望。

因此，运营者需要认真对课程进行包装，拟一个让人眼前一亮的标题和目录，同时利用作图软件，提前制作好封面、详情页图片等物料。

5. 完成上架

准备好课程及物料后，我们就可以在小红书上架专栏课程了。具体操作如下。

打开小红书，进入创作中心，在创作服务板块中点击"主播中心"，选择"直播课"，点击"创建专栏"就可以进入创建专栏界面，如图 7-19 所示。

图7-19 创建专栏的界面截图

由图 7-19 可见，运营者需要填写专栏标题、作者简介、专栏目标、专栏分类，接着上传专栏封面、详情图等，填写好专栏小节（即专栏目录），最后设置好专栏价格，就可以完成创建了。

当专栏成功上架后，博主可以在笔记中关联专栏，用内容流量带动专栏的销售。

第四节　引流盈利：最持久的盈利方式

引流盈利，是指运营者如果有实物商品或服务等盈利产品，就可以引流意向用户到微信私域或线下实体，再进行转化盈利。

这种盈利方式非常适合商家或企业，比如民宿、美甲店、美发店、设计公司等，也适合本身有产品可以交付的个体，比如自由职业者、知识付费老师等，就可以通过运营小红书账号、发布笔记来为自己吸引更多的客源。

本节为大家介绍在小红书引流的两种模式，以及实现安全引流的四种方式。

一、在小红书引流的两种模式

虽然在小红书上引流的账号覆盖了各行各业，但就整体而言，主要可以分为两种模式。

1. 引流线上私域

引流线上私域主要是指"小红书 + 微信"的模式，运营者可以将自己的小红书粉丝引流至个人微信，更好地让流量快速盈利，此种模式适合在线上进行商品销售或提供课程、咨询等服务的个体或商家。

例如，我的学员"Celine 说文案轻创业"，就是结合小红书与微信来实现盈利的。通过在小红书上分享如何写吸睛文案、如何通过文案打造个人 IP 等干货内容，吸引对文案写作、文案创业感兴趣的粉丝关注，并通过微信购买她的文案课程，实现了线上精准流量的盈利，如图 7-20 所示。

图7-20　学员"Celine说文案轻创业"的主页截图

2. 引流线下实体

引流线下实体主要是指有经营线下实体生意的商家，利用小红书为实体店进行宣传，吸引客流量。尤其是美容美发、民宿、服装、宠物等以女性消费群体为主的商家，就非常适合在小红书这样的女性社区来做引流。

对于商家而言，在小红书获客引流成本非常低，只需要用一部手机、一个小红书账号日常发布笔记就可以了。如果能够掌握小红书的运营逻辑，那么根本不用花钱投放，仅靠自然流量就可以得到很好的宣传效果。

比如，我的学员"纹眉师霜霜"是一名纹眉师，她借助小红书分享自己的纹眉作品，吸引了3000多个精准粉丝，累计已盈利超过30万元，如图7-21所示。账号的内容制作和日常运营都是靠她自己一个人完成，没有花过一分钱。要知道，在这个竞争异常激烈的时代，如果还是依靠传统的方式等着客户上门，生意必然会受到严重冲击。而小红书却成了她吸引客户的流量杠杆，借助平台算法将内容推荐给更多感兴趣的人。用户看到她的作品，产生了兴趣，就会关注和咨询她，进而有了更多成交的机会。

图7-21　学员"纹眉师霜霜"的主页截图

值得一提的是，对于引流盈利的账号而言，核心打法就是围绕自己的产品，输出高价值的内容，从而吸引精准的客户产生付费欲望。因此，这类账号的盈利路径极短，不必刻意追求粉丝量，即便是低粉丝量，也可以实现高盈利。

比如，我的学员"设计师詹森"，他在自己的小红书账号只有80个粉丝时，就靠着优质的内容吸引到了一位客户咨询，对方购买了他的装修设计服务，直接盈利3万多元。

所以，如果运营者有成熟的商业模式和产品，那么就可以利用小红书平台，放大自己的流量和影响力，为自己的生意赋能，获得更多的收益。

二、让引流更安全的四个方法

众所周知，小红书一直打击营销导流行为，不允许运营者以任何形式留下自己的微信号、手机号等联系方式。一旦违反规定，就会受到系统警告、禁言甚至限流的处罚。

在这样的背景下，运营者究竟如何引流，才能既不违反平台规则，又能让引流的效果最大化呢？接下来提供四个具体的方法。

1. 小红书号引导

在小红书引流的第一个方法是通过小红书号引导。运营者可以将账号主页的小红书号修改为自己的微信号，这样用户看到了就会主动添加微信，实现自动引流。修改小红书号不违反平台规则，没有安全风险，而且操作很简单。具体的操作步骤如下。

打开小红书，在下方导航栏选择"我"，点击"编辑资料"，选择"小红书号"，就可以修改小红书号了，如图7-22所示。

不过，运营者在修改小红书号的时候，要注意两个要点：第一，小红书号只能修改一次，要考虑清楚后再改；第二，微信号要易于识别，最好是简单、有规律的字母和数字，方便用户搜索和添加。

图7-22　修改小红书号的方法

2.简介引导

在小红书引流的第二个方法是通过简介引导，也就是在主页简介里留下引流线索，主要有两种方式。

一是留下邮箱地址。目前，小红书对于博主留邮箱的行为是默许的，所以运营者可以在简介里留下自己的邮箱地址，方便有需要的人通过邮件联系，如图7-23所示。然后在邮箱里设置收件后自动回复微信号，就可以实现自动引流了。

二是留下第三方平台账号。如果运营者想要引流用户到其他平台，就可以在简介中暗示用户，不过第三方平台名称不能直接提及，需要用谐音或者符号代替，如图7-24所示。

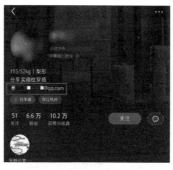

图7-23　在个人简介留邮箱地址的示例

图7-24　在个人简介留第三方账号的示例

由图7-24可见，第一位博主在简介中用谐音字的方式留下了微信公众号名称；第二位博主用emoji符号暗示了自己的淘宝店铺名称，如此就实现了多平台的跳转引流。

3. 私聊引导

在小红书引流的第三个方法是私聊引导，也就是在与用户私信聊天时进行引流。比如，有些运营者在小红书上发布了自家的产品，于是评论区就有用户询问如何联系，此时运营者便可以引导用户私聊，但最好是隐晦地告诉用户，比如回复用户"私~""后台滴滴我""我单独发你"等。

不过，小红书对于私信的管控非常严格，因此运营者回复用户私信时要注意以下几点：第一，不要大批量回复私信，回复不同的用户，中间间隔3分钟；第二，不要频繁发送同一套话术，这样容易被系统判定是营销导流行为，最好多准备一些话术交替使用；第三，不要直接发微信号，可以用带有微信号的图片代替文字回复。图片也需要多做一些，不要反复发送同样的图片。

4. 群聊引导

在小红书引流的第四个方法是通过群聊引导。小红书的群聊功能进一步拉进了博主和粉丝之间的距离，许多用户关注了博主之后，会通过主页的群聊入口，主动进群交流讨论，如图7-25所示。因此运营者完全可以利用好群聊功能，实现高效的引流。

图7-25 小红书账号主页的群聊入口

目前，小红书对于群聊内容的管控相对宽松，不会有太大限制，所以运营者可以在群内发布一些产品信息，引导大家购买；还可以发放一些福利资料，并附上微信号，引导大家加微信领取，从而成功引流。

如何在小红书创建群聊呢？操作很简单，在小红书主页下方导航栏选择"消息"，点击右上角"发现群聊"，在弹出的下拉菜单中点击"创建群聊"，就可以填写群聊名称并开启群聊了，如图7-26所示。

图7-26　创建群聊的方法

以上就是在平台允许的范围内帮助账号引流的几种方法。小红书虽然对引流有着诸多限制，但只要找到正确的方法，引流也不是什么难事。

第八章

实践案例：
运用本书方法论，新手也能成功起号

俗话说"他山之石，可以攻玉"，借鉴学习他人的经验教训能够让我们进步得更快。尤其是一些快速崛起的新手博主，他们从 0 到 1起号的成功经验对大家有着极强的参考意义。因此，本章整理了我部分小红书学员的实战案例，分享他们在做账号之初的起号思路和创作技巧，希望能够帮助新手运营者更快地成长。

第一节　素人号：轻松实现自媒体副业

　　我有不少学员，他们都是没有资源，也没有运营经验的普通素人，比如普通上班族、普通宝妈、普通学生等。但是，通过业余时间学习运营自己的小红书账号后，他们也成功地开启了一份副业，不仅增加了收入，也提升了自身技能，为未来增添了更多可能性。

一、学习类：学生党半年涨粉6万，靠小红书养活自己

　　大家好，我是白宝珠，现在是北漂一枚，在一家公众号做编辑。2022年，我还在读研究生，利用课余时间运营"白宝珠"这个账号，短短半年时间涨了6万粉丝，盈利近10万，几乎解决了我上学期间的生活费，实现了学生时代的"经济自由"。更重要的是，我还凭借着运营账号的经验，顺利入职了心仪的新媒体公司。这些成绩也是我最初做小红书的时候完全没想到的。

　　接下来，我将从个人定位、快速涨粉和新手常见误区这三个方面来给大家做一个分享。

　　第一点，个人定位。我一开始想做小红书时，跟很多新手一样，对个人定位很迷茫，不知道我能分享什么，觉得自己平平无奇，没什么有价值的东西可以教给人家的。

　　那我后来是怎么找到定位的呢？这得益于我听完大鱼师姐的

定位课后，给自己做的梳理工作。

首先，我知道自己没有可以直接变现的产品，但是我很爱写东西，写过一段时间的新媒体文章，对内容有一定的了解，所以文字就相当于我的产品。其次，我认真思考了一下，我喜欢做什么，在哪些事情上面比较有心得。很快我就想到了我的考研经历，我从末流二本学校，考上了211大学的研究生，这期间我付出了很多的努力，也有很多经验可以分享。于是我就尝试在小红书分享自己的考研及学习经验，慢慢地找到了自己的定位，成为一个学习博主，运营账号第2个月就收获了2万粉丝。

所以，我的真实经验告诉了我一件事：刚开始找个人定位的时候，一定不要觉得自己很普通，什么也不行。其实你看到的那些很厉害的博主，他们在生活中也是普通人。同样，我们虽然是普通人，但我们每个人身上都可以挖掘一些特殊的经历和闪光点，也许你觉得放在生活中，这些经历很平平无奇，但是互联网是一个放大器，可以无限放大你的闪光点，也会让很多人看到你、喜欢你，慢慢你的定位就出来了。

这里分享一个小技巧，大家在选择方向时，可能会在几个选项中摇摆。这个时候可以闭上眼睛想象一下，如果确定某个方向，你能不能立马就想到几条可以分享的经验或者话题，并且有那种迫不及待想讲出来的冲动。如果有的话，说明这个方向你确实是擅长的，至少是有热情的，那它对你来说，就可能是个不错的选择。

总结下来会发现，我的个人定位正是围绕大鱼师姐的定位六维度展开的。所以大家如果还是举棋不定，或者做了一段时间后又开始迷茫，可以再把那六个问题回答一下，相信在不断的梳理中，你一定会越来越清晰的。在不断的尝试中，我越来越坚定每个人都有独特的优势，只要认真挖掘，都可以找到自己的价值点。

第二点，快速涨粉。虽然我也不算大 V，但作为一个新手账号，我的账号在半年里涨了 6 万个粉丝，涨粉速度还算蛮快的。在不断的摸索和实践中，我也发现了快速涨粉的两个关键点。

涨粉的第一个关键点是突出人设。我的账号人设感是比较强的，我主打的就是我自己。我一开始就比较豁得出去，会晒自己很丑的照片，会讲我不够完美的原生家庭，还有我的自卑和失落，如图 8-1 所示。

图8-1　小红书账号"白宝珠"发布的笔记截图

在网络上讲自己的隐私，我难道就没有一点不适吗？其实并不是，我刚开始讲这些也会不好意思，甚至还会担心别人看不起我。但是当我发出去之后，粉丝给了我非常善意且温暖的反馈，很多女生跟我有着相似的经历，所以对我的分享有很深的共鸣。大家会给我鼓励、给我打气，这些都激励我继续分享。

所以，我觉得一个账号能吸粉，最重要的就是人设，也就是观众能感受到你是个活生生的人。但可能很多人还没意识到这一点，或者意识到了，但没有勇气去做。

比如我在北京有个同事，2个月考上人大的研究生，我建议她在小红书上分享自己的考研经验，但是她说不希望过度曝光自己，这不是我第一次听到这样的话。其实生活中，很多人都会有这样的想法，或是因为不自信，或者怕被同学、同事认出来，等等，不敢于把自己袒露在大众面前。如果工作原因的确不方便，也可以不露脸，在文字中也可以展示真实的自己，不用担心自己不完美。永远要相信，你不是一个人，展示真实的自己就会吸引同频的粉丝。

涨粉的第二个关键点是提供价值。说实话，我是更喜欢分享情绪和故事的，但我又知道，如果粉丝只能在我这找到共鸣，那我就只是一个把她想说的话表达出来的人，这样的人，除了我，还会有别人，这就不能构成粉丝关注我的理由。只有让用户在你这里有获得感，他才有可能关注你。

所以我在分享故事之后，一定会加上一些总结的经验。而真正有难度的东西，恰恰也是这些。因为平时我们并不会非要把自己的经历总结出什么，即便有所感悟，感慨一下也就过去了。但是做自媒体促使我总结归纳，同时为了更好地总结归纳，我还要进行高质量的输入。比如，我在写小红书笔记之前，一定会先找资料进行大量阅读，然后结合个人经验筛选并整理资料，最后再写成一篇1000字左右的笔记。

现在想想当时绞尽脑汁的感觉还是很痛苦，但也正是这些痛苦的时刻，帮助我一次次蜕变，换来越来越多关注我的粉丝，这个过程才是真正的幸福。

第三点，新手常见误区。许多新手博主在做小红书时很容易走进一些误区，包括我自己也经历过，所以接下来分享新手博主最容易踩的两个坑，希望帮助大家少走弯路。

第一个坑是自嗨。我有个同事想做小红书，其实她非常有能力，而且身上也有很多料可以挖。她来找我寻求经验，我就建议她先对标一个账号，然后模仿着做。但是她听完后却说"我先想想我能分享什么，先每天分享一点点吧"。

说来说去，她还是停在自己的规则里，并没有接受那些更被大家认同的自媒体规则。她自己的规则就是：这是我的账号，我想发什么发什么，我还要每天发，因为我每天都有很多想法想抒发。

这个问题很严重，也很普遍，并且很难改，我到现在都还是会偶尔犯。比如，我想选题时，就还是会想分享对自己感触特别大，但可能与我的读者关系不那么大的内容。所以，我现在的解决办法，就是不时地提醒自己改正，要有把跑偏的自己带回跑道的能力。

一个成功的自媒体账号，并不应该把自己的零碎日常都呈现出来。它应该是一个艺人，或是一件商品，你需要包装它，还要挑出来几个吸引人的卖点精心打磨，而不是沉浸在自己的想法里面。

第二个坑是急于求成。当我们发了几条笔记之后，数据流量却一般般，迟迟出不了爆款，或许你就开始自暴自弃，开始怀疑自己。这种心情，我太懂了，我之前就是这样容易着急和焦虑。

但其实每个人开始学习一个新技能，开启一个新领域的能力，都是需要时间积累的。一旦决定要做账号，就要做好我至少要发几十篇内容的准备。不管结果怎么样，我都先发够几十篇，在没发够这么多内容之前，即使流量再差，都不要急着否定自己。因为很大一个原因，不是你不行，而是你练习的量不够，你给自己的时间太少了，就急着想要一个结果。

其实很多博主都是默默地做了好几个月才开始真正有起色，但很多人都只看到别人出爆款、涨粉这个结果，却没有看见在人家成功之前是怎么努力的。所以，新手起步期一定要克服焦虑，不要急于求成，多给自己一些努力的时间，然后静待花开。

以上就是我做小红书的一些个人经验，希望能为大家提供一点助力。最后也祝福大家，在不可知的未来中，坚定你想做的事，成为你想成为的人。

二、兴趣类：国企打工人做绘画博主，两个月涨粉2万

大家好，我是岛屿，是一名体制内的普通青年，现在我还是一名小红书绘画博主。在摸索小红书运营的过程中，机缘巧合认识了大鱼师姐。通过学习我改变了运营策略，账号两个月就涨了2万个粉丝，这个成绩我自己都不敢相信。

在开始分享之前，我先讲一下我做自媒体曾经走过的弯路。我最开始接触的自媒体平台是抖音，那时候想通过做账号开拓副业，但是我和大部分人一样，放不下面子，不想露脸，于是我就去报班学习做特效视频剪辑。那段时间我很刻苦，每天日更，但根本没有流量。就这样苦苦坚持了两个月，仍然看不到一点希望，我就放弃了，转而去学做视频剪辑号。好在这次看得到结果，涨粉很快。我内心就想：等号起来了就可以做任务赚佣金了。但是让我没想到的是，还没等到我可以做任务赚佣金，就因为违规搬运被封号了，那一刻我真的是彻底心寒了，不得不放弃了这条路。

后来还做了一段时间的书单号，虽然轻松愉快，但是一样没有变现，最后也不了了之。

这就是我前期在自媒体路上走的弯路。我想告诉大家的就是，千万不要去做那些看似无脑赚钱的赛道，虽然听起来轻松、没有门槛，但普通人根本赚不到什么钱。直到后来，我才意识到我要做自己真正喜欢的领域，也就是画画，于是开始转战小红书，做起了绘画博主，不仅实现了快速涨粉，还得到了商单合作。事实证明，做自媒体不能投机取巧，只有找到自己内心真正认可并愿意坚持下去的定位，才能长期地做下去。

接下来，我就从账号设计、爆款方法、执行力等方面分享我的做账号经验。

首先，我想告诉的是一定要全盘设计好自己的账号。刚开始我自己做号的时候，什么也不懂，不懂得定位，也不懂变现模式。虽然前期做了一个多月也涨了1000个粉丝，但是总感觉自己哪里做得不太对。因为我看很多博主会说小红书粉丝数达到1000

就基本可以变现了，但是我却看不到我的账号有任何变现的可能性。这时候我就知道，我肯定是哪里出了问题，但是自己也不知道怎么去转变。

后来听完大鱼师姐的课程，我才恍然大悟，我们运营的目的是要让账号能够帮我们引流变现，而不是单纯追求数据和涨粉。以我自己举例，我的账号定位是 iPad 绘画，但我一开始为了和用户拉近距离，主打的是绘画新手的人设，发布自己画画打卡的视频，即便涨了一点粉丝，但在用户眼中我就是一个绘画小白，是不会为我付费的。

于是，我开始重新设计账号定位，变现方式是为零基础绘画小白提供入门课程和陪练社群，因此我修改了账号名字、简介，塑造专业形象和价值感。并且，在发布视频时分享一些零基础绘画的技巧，并在主页预告了自己的课程，没想到马上就有粉丝来询问我的课程什么时候开。

所以说各位新手运营者在运营小红书账号的时候，一定要弄清楚你的账号定位。如果你不清楚自己的定位，就不要急着去做，可以慢下来，先想清楚再去做。我们不能浪费时间，但更不能走弯路。除非你运营账号不是为了变现，只是想要好看的数据，将账号留到以后作其他的用途，但之后如果想流量变现的话，依旧要重新定位、重新运营。

其次是一定要抓住爆款的关键点。刚开始我发笔记的时候，从来不在乎文案、封面，每次都是随便做一个封面，加几句文案，然后就发布了，数据自然不尽如人意。后来我才知道我的笔记封面、标题文案存在很大的问题。

比如，我之前的封面设计缺乏美感，而且风格不统一，导致整个主页非常凌乱。后来我调整为以实拍图作为封面，没想到调整之后，我发的第一篇笔记就爆了。于是我花了一个晚上的时间，把之前所有笔记的封面都改成统一的，主页一下子变得清爽好看，涨粉速度提升了好几倍，如图8-2所示。

修改前的封面 　　　　　　修改后的封面

图8-2　小红书账号"岛屿爱画画"的主页前后对比

再比如，我之前的笔记标题都是随便起的，里面没有任何关键词，也没有吸引人的点，自然是无法引起观众的注意。后来我在标题中加入"零基础学插画"等热门关键词，笔记流量有了很大的提升。

因此，我们在运营账号的时候，一定要抓住爆款的关键点，像封面、标题等，都是至关重要的。只要做好这些关键点，就会起到事半功倍的效果。

最后想跟大家说的是执行力很重要。很多人都想入局小红书，但是却犹犹豫豫，驻足观望，就是不付诸行动。其实，时间就是金钱，早摸索，早提升，早一点收获粉丝，也就早一点实现流量变现。做账号拼的就是执行力，想一万遍不如手上过一遍。对于新手来说，找准自己的定位，然后去把主页搭建好，就可以找一些对标账号开始模仿着做起来，只有在做的过程中，你才会知道自己哪里还有不足，需要怎么样去提升。其实不管什么时候做自媒体都不晚的，就怕大家只停留在想想，而不去行动，很多人都是在犹豫中慢慢放弃了做自媒体的想法。

当然，还有一点很重要，就是一定要坚持，坚持一定会给我们回报的。其实我在做这个绘画账号的时候，前前后后也发了50多条视频，一开始的时候流量也很差，阅读量只有几十，但我从来没有放弃，一直坚持更新，后来就迎来了我的爆款。而且等到第一篇爆款出现之后，你的整个账号流量都会变好，就连之前的笔记也会随着它的带动，慢慢地被更多人看到。

所以我们一定要坚持去做，一旦确认好赛道之后，就要心无旁骛地去做，不能想一出是一出，比如说今天想做绘画，然后做着做着觉得没人看，就开始犹豫要不要做母婴，其实这样子是没用的，只会浪费更多的时间。坚持做，不断地积累，一定能等到那个拐点的到来。

这就是我这段时间以来，在运营小红书账号过程中的所思所想，非常感谢小红书这个平台，让我收获很多。目前，小红书平台也在红利期，想要入局的朋友一定要抓紧时间，只要有想法，就赶紧行动起来，任何的借口都不能阻碍我们前进，大家一起加油！

三、家居类：普通宝妈做家居好物分享，月入过万

大家好，我是沙白白，是一位"90后"宝妈，也是一位普通上班族，在投资银行工作6年了。我在小红书运营"沙白白"这个账号已经一年多了，目前有近1万粉丝，也接到了很多广告合作，实现了副业月入过万的小目标。

身边的朋友知道我做小红书，都蛮惊讶的。因为我在投行做项目审核的工作，不定期会要出差，跟很多人相比，工作强度其实不算小。那我为什么还要抽出业余时间做小红书账号呢？因为我是一个特别爱折腾的人，家里大大小小的东西我都很爱买，也喜欢研究收纳和家里的布置，所以我从内心里就很想做个家居博主，分享生活中美好的一切。

除了内心的动力外，还有一个原因，就是我有一套新房在装修，既然都是要花这个钱的，我就想让这个钱花得更值得一点，把我的装修过程和心得分享出去。所以我就想好好把小红书做起来。

但我一开始也没有经验，想到什么拍什么，所以数据就很差。于是我就开始有点怀疑我到底适不适合做账号，在徘徊纠结的时候，在小红书无意中搜到了大鱼师姐的视频，并且报名了她的课程学习做家居类账号。没想到，才学习20多天，我就做出了几条点赞量破千的爆款视频，账号也顺利起步了，一下子给了我很多信心。后来账号涨粉也越来越快，广告商单多到都接不过来。

接下来，我跟大家分享一下我在小红书账号运营方面的一些经验。

第一点，前期多尝试。其实对于新手来说，前期就是一个不断尝试的过程，一些不同的内容类型，只要在你的大方向上，不管是什么形式我觉得都可以去尝试。

举个例子，视频的拍摄有很多形式，有沉浸式的、口播的、带剧情的，还有单纯展示型等，我也不知道哪一种是最适合我的。所以最开始我进行了大量的尝试，因为一开始的试错成本真的很低，但是你能获得不同的反馈，这些反馈就是你后期做同类视频的方向，通过不断尝试找到你的粉丝和受众群体最认可的方式，就可以固定下来了。比如，我现在做好物推荐就是做成合集展示加口播的形式，这也是不断测试出来的。

第二点，边做边复盘。复盘数据可以帮助我们找到自己的流量密码。比如，我在账号上发了一条办公桌好物分享的视频，获得了 1000 多个点赞，大鱼师姐就提醒我"办公桌好物"是我账号的一个爆点，可以继续做。然后我趁热打铁出了第二期，结果比第一期更爆，收获了 1 万多个点赞和收藏。所以一边做一边复盘自己的数据，从数据中找到规律，指导并优化自己接下来的运营方向，才能让你的数据越来越好。同时，自己的内容形式和风格，也会逐渐清晰起来。

第三点，多参加活动。作为新手，我真的很推荐大家多多参加官方的活动。比如，我第一期办公好物的视频，就是因为看到官方有"我的百变桌搭"这个活动，才给了我创作灵感。因为我办公桌本来就有很多好物可以分享，于是就去做视频参加活动了。

如果参加活动的笔记比较优质，官方是会给予流量扶持的，所以我的视频也获得了较高的播放量。

另外，我还想给大家推荐"小红书创作学院"组织的新手训练营，我自己参加过，受益很大。因为报名这个训练营后，官方会建立一个群，在群里定期会发布作业，只要参与了就有可能会被官方翻牌。我自己交过四次作业，很幸运有两次被官方评为优质作业，如图8-3所示。笔记被官方评为优质作业，一方面是增加了我笔记和账号的曝光，数据一下子就上来了；另一方面，这也是一种肯定，像我们这种新手，其实这些外界的肯定对我们的坚持是有很大的帮助的。虽然流量有时候无法预测，但是你的付出是被认可的。

图8-3　账号"小红书创作学院"发布的优质作业点评截图

第四点，坚持很重要。我是今年 7 月份开始认真想做账号的，到现在大概有 4 个多月了。在这个过程中，我没有经历一夜爆火，前 3 个月零零散散发的笔记，虽然也有一些爆款，但也就涨粉 1000 多，涨粉速度其实并不是特别快。但好在我心态一直很稳，一直不急不躁，坚持做优质的内容。直到第四个月的时候，账号突然开始爆发，一个月就涨了 5000 个粉丝。

所以我想跟大家说的是，一开始做账号就爆的只有少数人，更多的人是像我这样默默耕耘的。前 3 个月可能都是无人问津的黑暗期，但只要坚持，就能迎来拐点。每次数据不好，开始动摇想放弃的时候，我就会想起我想做博主的初心，就坚定地告诉自己：我就是适合做这个的！一直雷打不动地做下去，情况就会越来越好。

以上就是我在小红书的实际运营中总结出来的一些规律和技巧，希望可以帮助到新手创作者，只要我们踏踏实实地努力，一定会有意想不到的收获！

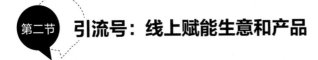

第二节　**引流号：线上赋能生意和产品**

小红书平台坐拥 2 亿名高价值的用户，并且用户整体呈现出年轻化、购买力强的特点，因此小红书也成了许多商家及个体进行营销、引流的首选阵地。我的学员中也有各行各业的中小企业主、专业人士等，他们利用小红书拓宽流量，赋能自己的生意和产品，从而加速了变现。

一、美业类：零成本引流1000+精准客户，盈利20多万元

大家好，我是老陈，我是一名"90后"文眉师，从事文眉行业已经五年了。我在小红书运营"文眉师老陈"这个账号，引流了1000多个精准客户到微信，并进行到店转化，累计盈利了20多万元。

首先我想说说我为什么要做小红书。三年疫情，对我们这种线下实体行业的影响真的太大了，我感觉真的不能依靠传统的方式，等着客户上门。所以我就开始积极地尝试自媒体线上拓客，从抖音、视频号再到小红书，钱砸了不少，走过不少弯路，也没有什么结果，甚至一度想要放弃。

但机缘巧合，刷到了大鱼师姐的视频，并参加了她的课程进行学习。没想到，在大鱼师姐的帮助下，我才做小红书三个月，在账号只有200个粉丝的时候，就达成了盈利5万元的成绩，这也再一次印证了：变现真的跟粉丝量没有关系。

在这之前，我一直处在一个非常焦虑的状态，每天醒来睁开眼睛，就为怎么找客户而发愁。但自从做好了小红书，让我每月的营业额直接翻倍，再也不用为客源头疼了，因为每天都会有很多高意向的客户主动加我，想找我文眉。我深深地感受到，普通人只要学会在小红书做爆款，做流量，真的会带来非常好的收益。

接下来，我就跟大家分享一下我在小红书实现引流变现的心

得体会。

第一点，做账号时一定要规划好内容。以我自己为例，我的账号定位是文眉，意向客户就是想要文眉的女生。那么，我怎么样才能让我的账号获得更多流量，同时吸引到更多精准粉丝产生盈利呢？

我使用的方法就是规划好账号内容，将分享的内容分成了三个模块：客户案例、文眉干货知识和互动性话题，并按照 8:1:1 的比例去发。为什么要搭配着发呢？因为每一类内容，它的目的是完全不一样的。客户案例，就是发我的文眉作品，相当于打广告，这种笔记流量通常不会太好，但是它的盈利效果非常好，能够吸引意向客户来咨询，我的客户几乎都是看了客户案例之后来找我的；文眉干货知识，因为对大家有用，点赞收藏数据会很好，可以用来做爆款，同时展示我的专业度；互动性话题，就是制造一些话题激发大家的表达欲，比如问大家哪个眉形好看，可以很好地引起大家讨论，拉动账号的数据，增加账号的曝光。

所以，大家可以根据自己账号定位去规划好内容，这样盈利会更加高效。

第二点，一定要先模仿。作为新手，刚开始做的时候一定要学会模仿，而不是自己创新，这也是我踩过的坑。一开始，我的封面都是按照自己的想法做的，我把我自己认为特别好看的客户照片全部找出来当作封面，心想这肯定要火了，因为我觉得真的拍得很好看。我信心满满地发出去，结果阅读量才几十，根本没人看。

我特别失落，带着疑问向大鱼师姐请教。她看过之后，马上指出了照片的问题：一是没有明确的指向性，我虽然是想表达眉毛很好看，但观众只是看到一个美女的照片而已，根本不知道重点是眉毛；二是照片的背景、装饰以及模特的动作，都比较花哨，过于喧宾夺主。

这时我才恍然大悟，原来我又陷入了自嗨的思维当中去了。既然自己是零基础，就不要按照自己的想法来，先去学习同行爆款封面是什么样的，总结一下规律。因为既然人家爆了，就已经验证了这个是受观众喜爱的。

于是我沉下心来，每天看同行的爆款笔记，而且认真地去拆解人家的图片，是什么样的角度拍的、拍的局部还是整体、色调是什么样的、模特有什么特点，等等，都去分析。这么一轮拆解下来，我才发现我自己的图片的确存在很大的差距。

我开始去优化我的图片，尽可能把爆款封面的优点，运用到我自己的图片上来。慢慢地我似乎找到了感觉，顺利写出了两篇爆款笔记。也开始有咨询、引流和盈利。

所以，我们在一开始网感不够的时候，千万不要自嗨，一定要找爆款，分析拆解爆款火的因素，再对爆款进行精细化模仿，这真的会让我们飞速进步。

第三点，跑对标非常关键。我相信大家应该都听过，做账号要找对标账号。我一开始主要把精力放在研究对标账号的笔记上面，关注他们笔记是怎么写的、图片是怎么做的、标题是怎么起的。但后来出了爆款之后，陆续有很多客户开始来咨询和私聊我，有些时候我并不知道怎么回复会更利于引流和成交。这时我才又开始研究同行的后端，包括他们的私聊引流话术，还加了同行的朋友圈，观察他们是怎么私聊的、怎么报价的，以及给客户发送的介绍资料等，在这个过程中，我也在不断地完善自己的话术。

所以，如果大家也希望实现精准盈利，一定要深入地去研究一下同行，不仅仅是研究看得到的笔记，后端搭建也要好好地研究，可以为自己带来不少现成的经验素材。

第四点，冷启动阶段观察好账号。首先我们要知道，刚开始的时候，新账号活跃度还不高，我们的流量肯定也不会太高。这个时期要做的就是持续地更新，不要急于求成，跟踪好每篇笔记数据，理智去分析，不要被数据牵着鼻子走，陷入内耗，而忽略了自己还没有做到位的地方。

同时，也要关注账号数据是不是正常。一般来说，笔记阅读量普遍能在 100 以上，那证明账号是没问题的，但是如果阅读量一直都只有两位数，就一定要注意了。

拿我自己举例，刚开始我是用老账号发布笔记的。这个账号因为频繁私信，被禁言过两次，而且好几个月也没更新笔记，活跃度也有影响，所以笔记不管怎么发都是两位数阅读量。这时，我就换了一个新号测试流量。同样的笔记发在新号上，竟然上了热门，于是我就启用了新账号。

所以，大家发了一段时间笔记之后，也要看一看账号是不是正常，如果发现数据始终是两位数，那最好换个号试试。

以上就是我想向各位创作者分享的经验，希望大家都能利用好小红书这个平台，为自己的事业开辟更广阔的空间。

二、情感类：心理咨询师打造个人IP，一个月涨粉5万

大家好，我是西西，36岁，来自陕西西安。我是一位国家二级心理咨询师、三级婚姻家庭咨询师，也是一位释梦师。

学习了小红书运营的方法后，我在2022年4月开始正式运营"心理师西西"这个账号。没想到，运营账号才短短一个月，我就拥有了5万个粉丝，并引流到个人微信，销售心理情感咨询服务及课程，完成了盈利闭环。目前，我的账号已经有7万粉丝，单篇笔记最高点赞量14万，收藏量10万，单篇笔记最高涨粉2.8万个。

接下来，我会从如何快速涨粉、如何做爆款、提升账号等级等方面分享经验。

首先，想跟大家讲讲如何快速涨粉。我一开始是做手抄纸条的图文笔记，如图8-4所示。因为制作比较简单，不会占用我许多时间。小红书上像我这样做手抄纸条的博主有很多，一开始我也对标了几个账号，模仿他们的选题。但做着做着，我的粉丝就超过她们了。这时，我就拿我的爆款笔记和对方的爆款笔记做比较，内容都差不多，浏览量也差不多，但是我的涨粉速度明显要高很多。

图8-4　账号"心理师西西"发布的一篇笔记

后来我发现原因有两个：一是因为我充分利用了昵称、简介、

背景铺垫了人设。如果粉丝看你发的一篇笔记，觉得很不错，点开你主页，看看有没有别的她感兴趣的，结果你空空如也，没几篇笔记，也没啥介绍，那她干吗要关注呀？所以，我们一定要把首页做好，告诉粉丝：我很专业，我很特别，我很厉害，我就是你要找的那个人，你赶紧关注我。也就是说，我们一定要给粉丝一个关注我们的理由。

吸引粉丝关注的第二个要点是，一定要有引导语。我有一篇关于如何优雅地表达上厕所的文案，因为觉得有点重口味，我自己不好意思，于是没有写引导关注的话，结果笔记火了，评论区吵得热火朝天的，却没人关注我。搞得我那叫一个后悔啊！因为这篇笔记数据一直在上升，我又不敢轻易修改，所以就只能干着急。

后来我在每篇笔记的正文和留言区都会引导用户关注自己，别小看这一句，加了这一句，转粉率就要高一些。

其次是我们如何做爆款。在做小红书的过程中，我深刻地感受到想要做爆款，核心就是选题。有句话叫：选题决定爆款，选题不对，努力白费。选题要想对，我们就一定要找对标爆款。我们建立选题库的目的，其实就是找出来爆款选题再去模仿。

除了选题之外，我们还要学会抓关键词。比方，我前阵子做得比较好的选题是高情商回复。那我就在搜索栏搜：高情商、高情商回复、回话等，然后找几篇先看看，再从他们的高赞评论、加的话题里去找关键词。关键词真的太重要了，重要到如果有人问我，小红书做爆款如果只留一个技能，你留什么，那我一定会说"搜关键词"。我们在笔记的标题、正文还有结尾的带话题里面，都要充分做好关键词的布局。比如，除了标题以外，我会特别注意在结尾带话题的时候，找好话题领域，对好关键词。我每次都会带热度在 1 亿以上的话题。

在这里，再提几个我觉得很好用的小窍门。

① 笔记发布后，自己可以先点赞收藏，也要去评论区引导评论。

② 前面几十个评论一定要及时回复，建议采用疑问句和反问句，这样会引导用户多多评论。

③ 标题要吸引人，排版要好看，字不要太多，Emoj 表情用起来。

④ 有时候我会看到一些粉丝，把我的笔记收藏在一个她自己分类的文件夹里，我会打开看一下。然后我惊喜地发现，这也是一个找爆款的途径，尤其是对新手非常友好。因为对新手来说准确地提炼关键词可能是个技术活，没法准确地抓住要点。这时你就可以通过观察粉丝的收藏夹，寻找同类的爆款笔记，从而找到她们的兴趣点。

⑤ 得高赞评论者得天下。高赞评论是被大数据验证过的粉丝关注点，一定要多关注。笔记内容需要补充的时候，可以去看高赞评论，没有选题的时候，也可以去看看高赞评论，甚至，有些高赞评论中的需求和观点集合起来，就能整理成一篇笔记。

这些数据会在你脑海里形成一个整体的印象，告诉你原来粉丝喜欢这些东西，所以大家一定要充分地利用起来，

还有一点是尽快提升账号等级，这个属于小红书的隐藏功能。很多人不知道，小红书账号其实是分等级的，从尿布薯到金

冠薯一共有 10 个级别，如图 8-5 所示。

等级	称号	要求
1	尿布薯	点赞、收藏、评论各1次，并且发布1篇有效笔记
2	奶瓶薯	发布1篇笔记获得5个收藏或10个赞，或者发布1篇话题笔记
3	困困薯	累计发布3篇笔记均获得5个收藏或10个赞，或累计发布3篇话题笔记
4	泡泡薯	累计发布5篇笔记均获得10个收藏或50个赞，其中1篇为参加话题活动的视频笔记
5	甜筒薯	累计发布12篇笔记均获得10个收藏或50个赞，其中3篇为参加话题活动的视频笔记
6	小马薯	累计发布50篇笔记均获得10个收藏或50个赞，其中5篇为参加话题活动的视频笔记
7	文化薯	累计发布9篇参加话题活动的视频笔记均获得10个收藏或50个赞，或者累计发布100篇笔记均获得10个收藏或50个赞
8	铜冠薯	累计发布12篇参加话题活动的视频笔记均获得10个收藏或50个赞，或者累计发布300篇笔记均获得10个收藏或50个赞
9	银冠薯	累计发布15篇参加话题活动的视频笔记均获得10个收藏或50个赞，或者累计发布500篇笔记均获得10个收藏或50个赞
10	金冠薯	累计发布18篇参加话题活动的视频笔记均获得10个收藏或50个赞，或者累计发布800篇笔记均获得10个收藏或50个赞

图8-5　小红书账号的等级

那么我们怎么查看自己的账号等级呢？具体路径如下。

打开小红书 App，在下方导航栏选择"我"，点击编辑资料，滑动到菜单栏最下方的"成长等级"，就可以看到自己目前的等级，如图 8-6 所示。

点击"成长等级"后，会看到升级后续的等级需要满足哪些条件。比如，金冠薯的升级任务是发布 18 篇话题活动的视频笔记，且要得到 10 个收藏或者 50 个赞；或者累计发布 800 篇笔记且均获得 10 个收藏或者 50 个赞。

新手时期，建议大家先想办法升金冠薯。我升到金冠薯以后，发现小红书平台给我的流量明显更好一些，新笔记发布后阅读量起步都在 2000。

图8-6　查看账号成长等级的路径

最后想对大家说，行动力最重要。很多人一开始有很多纠结，害怕做不好，感觉好难，很可能纠结着纠结着就过了好几个月，那只会越来越不敢开始。而那些不纠结的人，永远是先干了再说，敢于实践并坚持的人，很快就能看到成果。

以上就是我的分享，希望大家都能在小红书打造出自己的爆款账号，实现自己的盈利目标。